nachkriegsuni

Hermann Bausinger 1926 in Aalen geboren, emeritierter Professor der Universität Tübingen, war viele Jahre Leiter des Ludwig-Uhland-Instituts für Empirische Kulturwissenschaft. Zahlreiche Publikationen. Bei Klöpfer & Meyer erschienen u.a.: „Seelsorger und Leibsorger. Essays" (2009), „Der herbe Charme des Landes. Gedanken über Baden-Württemberg" (4. Auflage 2011), „Eine Schwäbische Literaturgeschichte" (2. Auflage 2017). Zudem ist er Mitherausgeber der inzwischen abgeschlossenen „Kleinen Landesbibliothek" in 25 Bänden. Dazwischen noch der schöne Ausflug ins Erzählerische: „Wie ich Günter Jauch schaffte. 13 Zappgeschichten" (2011). Im Juli 2019 erschien außerdem, zusammen mit Muhterem Aras: „Heimat. Kann die weg? Ein Gespräch".

Hermann Bausinger

nachkriegsuni

Kleine Tübinger Rückblenden

k,n

Inhalt

Zeitzeuge 7

Verspätungen 10

Kriegsteilnehmer 18

Generalvertretung 25

Federschlange 32

Nebenwirkungen 41

Raumscharmützel 51

Formfragen 60

Perspektivwechsel 71

Berufungen 77

Buchgarage 85

Neckar-Prawda 89

Ausländerkurs 96

Chantal 104

Einwanderungsland 108

Rebellion 115

Öffnung 122

Kultur plus 130

Flachbilder 137

Purzelbaum 145

Prüfungen 153

Volksgesundheit 163

Putsch 169

Knollenmergel 175

Personenregister 182

Zeitzeuge

Wie wird man Zeitzeuge? Durch ausgeprägte Achtsamkeit auf die Zeitläufte, genaue Beobachtungen und sensible Einschätzungen, vorurteilsfreie Wiedergabe der Fakten und nüchtern-objektive Darstellung. Das ist eine gediegene und auf den ersten Blick einleuchtende Vorstellung, aber sie ignoriert die wichtigste Voraussetzung. Man könnte nämlich auch sagen: Zeitzeuge wird man, wenn die Gene gut mitspielen, wenn man einen vernünftigen Hausarzt hat, viel in Bewegung ist und sich gesund ernährt. Gewiss wird man vor allem dann als Zeitzeuge aufgerufen, wenn mit der Fähigkeit adäquater Schilderung der Verhältnisse gerechnet wird; aber es handelt sich um vergangene Verhältnisse, und die Kompetenz von Zeitzeugen ist in der Regel nur dort gefragt, wo sich der Kreis derjenigen gelichtet hat, die mit jenen früheren Verhältnissen konfrontiert waren. Man könnte deshalb, etwas vereinfacht und banalisiert, die Antwort auch so formulieren: Zeitzeuge wird man durch ein langes Leben.

Ich bin im Verlauf der Jahre und Jahrzehnte immer wieder einmal aufgefordert worden, eine Autobiographie zu schreiben, und ich habe jedes Mal Abstand genommen, ohne Koketterie aus der Überzeugung, dass mein Weg keine unbekannten und allgemein bedeutsamen Tendenzen erschließt. Aufforderungen und Ermunterungen von verschiedenen Seiten gingen auch der Niederschrift dieses kleinen Buchs voraus, und diesmal konnte ich den Eindruck nicht beiseite schieben, dass ich Erfahrungen an der Tübinger Hochschule in einer Zeit gesammelt hatte, in welche die Erinnerungen der weitaus meisten der heutigen Zeitgenossinnen und Zeitgenossen nicht zurückreichen. Mir ging es dabei nicht um die große Universitätsgeschichte, zu der es archiviertes Material und bearbeitete Bausteine gibt, und nicht um eine auf Vollständigkeit bedachte Chronologie der Ereignisse, sondern um die Rückblende auf kleine, alltägliche, manchmal auch schräge und kuriose Episoden, die vielleicht das Bild des Unibetriebs der Nachkriegszeit etwas farbiger machen, aber auch ein Licht auf wichtige Entwicklungstendenzen werfen.

Eine literarische Selfie-Inszenierung sollte es nicht werden. Ich wollte Zustände und Begebenheiten möglichst objektiv wiedergeben, und ich dachte sogar daran, dies zu demonstrieren, indem ich mir für die Darstellung den Gebrauch des Wörtchens *ich* verbiete. Aber genau das hätte einen Anspruch auf Objektivität demonstriert, der nicht einzulösen war. Ich kam ab von der gut gemeinten Ego-Askese, das *ich* war wieder zugelassen, und ich habe nie vorher etwas geschrieben, in dem dieses Pronomen so häufig vorkommt wie in den folgenden Skizzen.

Ganz unvermeidlich, weil ich ja in vielen der geschilderten Situationen ein Mitspieler war; aber auch, weil es sich um Erinnerungen handelt, die prinzipiell von subjektiven Perspektiven und Bewertungen bestimmt

Professor sein Hausrecht wahrnahm und ihn oder sie mit scharfen Worten aus dem Saal wies.

Die Hörerschaft sympathisierte mit diesem Schritt, verurteilte aber weniger die Störung selbst als die Ahnungslosigkeit der Störenden, da sich Sprangers entschiedene Reaktion ja doch allmählich herumgesprochen hatte, und zudem war Spranger nicht der Einzige, der sich gegen eine solche Unhöflichkeit zur Wehr setzte. Was er und seine Kollegen wohl kaum bedachten, war die Tatsache, dass die Verspätungen in den meisten Fällen nicht in der Nachlässigkeit der Störenden begründet waren, sondern in äußeren Schwierigkeiten. Obwohl die Zahl der in Tübingen Studierenden nur ungefähr ein Zehntel der späteren Rekordwerte betrug, gab es erhebliche Probleme mit dem Wohnangebot, und ein beträchtlicher Teil der Kommilitonen kam täglich aus der engeren und weiteren Umgebung. Eine besondere Rolle spielte dabei die Aufteilung des Landes in Besatzungszonen. Tübingen war Regierungszentrale der französischen Zone; etwa 15 Kilometer nördlich verlief die Grenze zur amerikanischen Zone, in der die Versorgungslage in jenen Nachkriegsjahren etwas günstiger war. Deshalb – oder auch einfach, weil sie dort zuhause waren – pendelten relativ viele Studierende über die Grenze. Von Stuttgart her war der Bahnhof vor der Demarkationslinie in Bempflingen; dort wurden Ausweise und Passierscheine kontrolliert, aber auch Gepäckstücke nach Schmuggelware durchsucht. Das nahm Zeit in Anspruch, machte die Ankunftszeit in Tübingen unberechenbar und bereitete auch den innerhalb der französischen Zone an der Strecke Wohnenden Probleme.

Ich hatte das Glück, dass ich mich während der ersten Studiensemester in Pfullingen bei einer alten Tante einquartieren konnte, die sich rührend um mich kümmerte und mich beispielsweise aus dem meiner Kammer benachbarten Zimmer in gemessenen Abständen mit der fürsorglichen Frage *Bist warm?* am Einschlafen hinderte. Das war vor allem deshalb nicht optimal, weil ich am Morgen zeitig wach sein musste. Spranger und auch Andere, die man hören musste oder wollte, lasen um acht Uhr; wenn man den Start mit Sicherheit erreichen wollte, musste man mit den Hühnern aufstehen.

Sogar vor den Hühnern, und in meinem Fall war das nicht nur eine Metapher, sondern pure Realität. Die Tante hatte nämlich in den Kriegsjahren damit begonnen, einige Hühner zu halten, in der wärmeren Jahreszeit rund ums Haus, im Winter im Wohnzimmer in Ofennähe, was eine etwas seltsame Wohngemeinschaft begründete. Jedenfalls krochen die Tiere erst aus ihren Nestplätzen, nachdem ich den Lichtschalter gedrückt hatte; ich nahm noch schnell ein kleines Frühstück (oft mit Ei!) zu mir und eilte zur nicht weit entfernten Haltestelle der Straßenbahn, die kurz nach sechs Uhr pünktlich nach Reutlingen zum Bahnhof fuhr. Dort aber begann dann die Nervenprobe; im Allgemeinen reichte der Spielraum, aber es kam auch vor, dass die Zonenkontrolle so viel Zeit beanspruchte, dass die frühe Anfahrt mit der Straßenbahn vergeblich war und dass wir Pfullinger (ich war nicht der einzige) wichtige Studienangebote versäumten. Man fand sich damit ab, und ganz allgemein herrschte, verglichen mit den heutigen Verhältnissen, kein hektischer Betrieb.

Pünktlichkeit und – noch einmal allgemeiner gefasst – eine ruhige, erlernbare und beherrschbare Ordnung charakterisierten auch den Tugendkatalog, der von Eduard Spranger präsentiert wurde und dessen allmähliche Herausbildung er mit historischen Beispielen erläuterte. Ich habe die Parabel nicht vergessen, mit der er die Aneignung und Internalisierung von Werten vorführte, die zunächst über gesellschaftliche Erwartungen und Zwänge vermittelt wurden. Die Geschichte handelte von einem Mann, der seine Angehörigen verloren hatte und plötzlich zu einem einsamen Dasein verurteilt war. Erzählt wurde in einer ganz schlichten Schilderung, wie er sein Mittagessen einnahm: nicht etwa (die negativen Kontraste wurden jeweils mit angeführt) gedankenlos in gierig-schnellen Bissen, sondern indem er eine reine Serviette ausbreitete für ein sauberes Gedeck und Besteck, und indem er andächtig und dankbar seine sorgsam zubereitete Mahlzeit verzehrte. Der anekdotische Text stammte aus einer populär-philosophischen Schrift der Aufklärungszeit; aber Spranger verbannte ihn nicht in die Historie, sondern sah darin ein gültiges Exempel und trug ihn mit sichtlicher Freude vor.

Es dauerte ziemlich lange, bis eine insgesamt veränderte Stimmungslage die kritische Frage nahelegte, ob das Stichwort *Verspätungen* nicht auch jenseits der banalen Alltagserfahrungen im Hörsaal auf das bezogen werden sollte, was dort an geistiger Nahrung geboten wurde. Das betrifft große Teile des damaligen Studienbetriebs und keineswegs nur Spranger, der in vieler Hinsicht sogar zu den positiven Ausnahmen gehörte. Aber auch er versäumte eine gezielte Auseinandersetzung mit den Ideologien und Prinzipien des Nationalsozialismus, die mehr als ein Jahrzehnt lang das wissenschaftliche Leben an den Universitäten bestimmt und kontaminiert hatten. Es wäre freilich eine Auseinandersetzung auch mit eigenen Wegen gewesen. Schon im April 1933 hatte er den Rücktritt von seiner Professur angestrebt; aber seine humanistische Grundhaltung war verfärbt durch nationalkonservative Ideen, und er hielt auch nicht Schritt mit der modernen gesellschaftlichen Entwicklung. Er wehrte sich lange gegen das Studium von Frauen, und in der kleinen Studie zum *Bildungswert der Heimatkunde,* die noch lange nach dem Zweiten Weltkrieg ein Herzstück der Lehrerbildung blieb, bescheinigte er den Großstädtern, dass Heimat für sie unerreichbar sei.

Das eigentlich Aufregende am wissenschaftlichen Wirken in der Nachkriegszeit war nicht, dass so selten selbstkritische Rückschau gehalten, sondern dass diese Rückschau gar nicht gefordert wurde. Die allgemeine Tendenz war, politische Implikationen und, genereller, Fragen der Bewertung aus dem Umkreis seriöser Wissenschaft zu verbannen. Direkte Dekonstruktion nationalsozialistischer Thesen war selten; man konzentrierte sich weithin auf positivistische Befunde – oft mit der Unterstellung, diese korrekte und unproblematische Forschung sei auch während des Dritten Reichs dominant gewesen und sei lediglich begleitet worden von unvermeidlichen NS-freundlichen Randbemerkungen, zum Beispiel im Vorwort von Veröffentlichungen.

Dabei wäre es falsch, für die Jahre nach dem Krieg pauschal politisches Desinteresse bei den jungen Akademikern zu unterstellen. Schon bald entstanden kleine Vereinigungen und Arbeitskreise, die sich in die allmählich etablierten Strukturen der Parteipolitik einfügten; aber es gab auch kritische Positionen außerhalb des regulierten Parteiensystems. Als Konrad Adenauer 1949 für die Wiederbewaffnung eintrat, fanden sich Ansätze einer Protestbewegung, und unter den Studierenden waren auch viele, die sich nicht in die entstehende Frontstellung des Kalten Krieges einordnen ließen. Dabei war der Blick auf den Osten der geteilten Nation von Bedeutung; man wollte die *Zone*, wie die im Westen geläufige abschätzige Benennung hieß, nicht einfach abschreiben.

In meinem Rückblick spielt dabei eine merkwürdige Reise in die DDR eine Rolle. Mitglieder westdeutscher Sportvereine wurden 1951 zu Gesamtdeutschen Meisterschaften im Wintersport nach Oberhof in Thüringen eingeladen, und ich entschloss mich, zusammen mit zwei weiteren Personen aus meiner Heimatregion dorthin zu fahren. Ohne Skiausrüstung, denn das von der Organisation vorgegebene Programm ließ deutlich erkennen, dass wir nicht etwa als Wettkämpfer gefragt waren, sondern als erhoffte Propagandisten der dort herrschenden Ideologie. Ein ausgesuchtes Kulturprogramm wurde geboten; für mich war es die erste Begegnung mit Sinfonien von Dimitri Schostakowitsch. Die politischen Gespräche mit Funktionären aber waren plump und landeten schnell bei der Aufforderung an die Westdeutschen zum Plakate-kleben, im Klartext also zur aktiven Werbung für den dort praktizierten banalisierten Marxismus. Die Formel „*Plagôde klämn*" wurde für uns zum ironischen Resümee dieser seltsamen Reise.

Die Desillusionierung bedeutete aber nicht, dass die DDR schlechthin aus dem Blickfeld verschwand. Zu meinen persönlichen Erinnerungsbezügen gehört in diesem Zusammenhang die Vorstellung der neu gegründeten Gesamtdeutschen Volkspartei durch Gustav Heinemann im Saal des *Museums*, die ich auf Vorschlag des damaligen Referendarskollegen Erhard Eppler moderierte. Und in den folgenden Jahrzehnten gab es immer wieder – meist hindernisreiche – Versuche, Kontakte zu seriösen wissenschaftlichen Kolleginnen und Kollegen in der DDR aufzunehmen und aufrecht zu erhalten. In den Kontroversen des Kalten Kriegs waren solche Engagements immer in Frage gestellt, und der Lehrbetrieb blieb weitgehend unberührt davon.

Er blieb auch unberührt von umfassenderen Auseinandersetzungen mit dem Nationalsozialismus. Selbstverständlich gab es Korrekturen, wo die NS-Perspektiven die Auseinandersetzung mit konkreten Gegenständen fehlgeleitet hatten – als Beispiel könnte man die altgermanische Verankerung der meisten Volksbräuche anführen. Es handelte sich um Symptome der nationalsozialistischen Weltanschauung, die aber nicht automatisch deren tödliche Brisanz in den Fokus rückten. Wo dies in großflächigen Botschaften versucht wurde, kam es nicht selten zu kurzschlüssigen Erklärungen.

Ich denke beispielsweise an den Vortrag eines hohen Kirchenbeamten, in dem dieser faschistische Tendenzen als ausschließliche Folge der Säkularisation sah und eine dunkle Linie von Goethe direkt zu Hitler zog.

Erst 1965, also 20 Jahre nach Kriegsende, kam dank der Initiative einiger geisteswissenschaftlicher Professoren eine Ringvorlesung zustande, in der Fachvertreter referierten, was sich an Fragwürdigem in den verschiedenen Disziplinen nach 1933 – und in vielen Fällen auch schon vor 1933 – abgespielt hatte. Es war ein Ansatz zu kritischen Analysen – mit beträchtlicher Verspätung. Aber es war die erste Veranstaltung dieser Art an einer deutschen Universität.

Kriegsteilnehmer

Nicht nur die NS-Vergangenheit, auch der Krieg war kein Thema. Dass keine militärgeschichtlichen Vorlesungen oder Seminare zur Erörterung strategischer Streitfragen und zur Beurteilung tatsächlicher Kampfhandlungen angeboten wurden, bedarf keiner Erklärung. Aber man hätte erwarten können, dass die politischen und wirtschaftlichen Hintergründe der Entstehung des Kriegs und seines Verlaufs zu einem zentralen Gegenstand wissenschaftlicher Analysen und Kontroversen würden. Das war nicht der Fall, und auch die von wissenschaftlichen Institutionen mitgelenkten Vernichtungsaktionen des NS-Regimes fanden nur selten Eingang in die Diskurse der Universität.

Eine beträchtliche Anzahl der Nachkriegsstudenten hatte Fronterfahrungen oder war jedenfalls in Kampfhandlungen involviert gewesen. Viele waren noch in jungen Jahren als letztes Aufgebot zum Wehrdienst befohlen worden; für Andere war es eine Verpflichtung über Jahre weg. Aber auch für sie war der Krieg nicht das beherrschende Gesprächsthema. Am deutlichsten rückte er in den Fokus ausgetauschter Erinnerungen, wenn über Bombenangriffe und über andere Zerstörungen in den Heimatorten der Studierenden, vor allem bei der Eroberung durch die Besatzungstruppen, gesprochen wurde. Im Ganzen aber galt der Krieg als langwieriger Schicksalsschlag, den man endlich zurücklassen konnte.

In diesem Zusammenhang ist auch ein Blick auf das Wort *Kriegsteilnehmer* angebracht. Es war die gängige Bezeichnung für alle, die nicht nur wenige Wochen oder Tage zum Einsatz gegen die anrückenden Feindtruppen befohlen waren, die vielmehr einen langwierigen regulären Dienst als Soldaten hinter sich hatten. Die Benennung Kriegsteilnehmer war sicher keine intendierte Verharmlosung; für die Ex-Soldaten bot sich ja kein vernünftiger anderer Name an. Und doch kann man zu dem Schluss kommen, dass diese Bezeichnung zu einer neutralisierenden Auffassung beigetragen hat. Man nimmt teil an Reisen, an Tagungen, an Veranstaltungen – und damals eben auch am Krieg. Eine eigene Vokabel gab es für die Kriegsversehrten oder Kriegsgeschädigten, deren Teilnahme am Krieg nicht so leicht abzuhaken war; sie brauchten vielfach medizinische Versorgung und finanzielle Unterstützung. Aber der allgemeine Tenor war, dass der Krieg Vergangenheit war – scheinbar bewältigte Vergangenheit.

In Tübingen machte damals eine Witzgeschichte die Runde, die wohl kaum hier entstanden, aber deutlich als lokale Variante ausgeschmückt war: In der „Farb", einer gut besuchten Wirtschaft in der oberen Pfleghofstraße, sitzt ein Mann in einer weiten Jacke, deren überlange Ärmel über die Hände weg ein ganzes Stück leer herunterhängen. Sein Bierglas hält der Mann auf Höhe der Handgelenke mit den beiden Ärmeln fest. Ein anderer Gast setzt sich zu ihm, sieht den komplizierten

Trinkvorgang und fragt mit Anteilnahme: *Stalingrad??*, worauf prompt die Antwort kommt: *Nein, Bleckmann!* Das war zu jener Zeit das führende Geschäft für Herrenkleidung in der Stadt; aber der Witz zielte nicht auf Kritik an einem bestimmten Anbieter, sondern bezog seine Komik außer dem leicht vorstellbaren schrägen Bild des Geschehens aus der Pointe, dass auch nach der Währungsreform und im beginnenden sogenannten Wirtschaftswunder nicht alles passte.

Es ist nicht leicht, diesen Witz zu verstehen – nicht was die Pointe anlangt, sondern die Funktion, den *Sitz im Leben*, wie es eine zunächst in der Bibelexegese verwendete Formel ausdrückt. Nach der für sieben Raumfahrer tödlichen Challenger-Katastrophe von 1986 entstanden in den USA Wortspiele („*Seven up*") und Witze, welche die Distanz zu dem Unglück herstellten. Amerikanische Ethnologen werteten dies als legitime und besonders wirksame Form der Verarbeitung einer negativen Erfahrung; demnach wurde das Entsetzen über das fatale Ereignis nicht zuletzt in spielerischer Ironie abgefangen und überwunden. Distanzierung ist auch in dem zitierten deutschen Witz enthalten, aber damit endet die Parallele. Die kleine Witzgeschichte passt zu dem verharmlosenden Umgang mit der Vergangenheit – Verdrängung eher als Bewältigung. Der Krieg blieb eine dunkle Wand im Rücken, von der man sich abwandte.

Andererseits war es verständlich, dass die neue Situation mit den schnell erreichten politischen und wirtschaftlichen Begünstigungen ein Aufatmen erlaubte und Energien freisetzte. An der Universität gab es wohl kaum jemals eine Generation, die so eifrig und lernbereit war wie die der ersten Nachkriegsjahre. Die älteren Kriegsteilnehmer suchten so schnell wie möglich über eine zivile Karriere ihren Unterhalt – und in vielen Fällen den ihrer Familien – zu sichern. Für die jüngeren Abiturienten und, in kleinerer Zahl, Abiturientinnen war das selbständige und selbstverantwortliche Lernen teilweise eine neue Erfahrung vor dem Hintergrund der zeitlichen und sachlichen Einschränkungen durch die nationalsozialistischen Erziehungspraktiken. Und es war auch ein Aufbegehren gegen ein verbreitetes Misstrauen in akademische Studien; ich habe selbst erlebt, dass die einschlägige Arbeitsberatung vor dem Studium warnte und ausschließlich handwerkliche Ausbildung, vor allem im Baugewerbe, empfahl – was angesichts der desolaten Wohnsituation ja auch nicht unbegründet war. Jedenfalls herrschten in den Lehrveranstaltungen Wissbegierde und Fleiß.

Eine besondere Rolle spielten manche älteren Kriegsteilnehmer, die zum Teil den Wehrdienst zum Beruf gemacht hatten. Es gab immer wieder einzelne Exponenten, die ihre gewohnte Führungsfunktion in den neuen Lebensbereich zu übertragen suchten, damit aber bei den Jüngeren nicht ohne Weiteres ankamen. Dies änderte freilich wenig an ihrem Elitegefühl, und sie sahen sich auch den Lehrenden gegenüber als überlegen. Ich denke an einen Kommilitonen, der auch bei unpassenden Gelegenheiten seinen hohen Offiziersrang und seine militärischen Auszeichnungen ins Spiel brachte, und der einmal wütend seine Enttäuschung über eine

Benotung zeigte. Es war am Ende eines Kleist-Seminars, und er bedachte den Dozenten mit groben Ausdrücken, die er aus seinem früheren Milieu gespeichert hatte, weil er für seinen schriftlichen Beitrag *nur* 1,5, also gut bis sehr gut bekommen hatte. Ich sagte, das sei doch ein gutes Zeugnis; aber der Kollege hatte sich Gründe für seine Empörung zurechtgelegt: Der Dozent habe bei der Schlussbetrachtung in der letzten Sitzung ständig mit Gedanken und Beobachtungen aus dem von ihm eingereichten Referat operiert, ohne die Quelle zu benennen. Ich fragte nach, was er an Besonderheiten herausgearbeitet habe; er antwortete, seine Charakteristik der *jagenden Sätze* sei wörtlich zitiert worden, und der Dozent habe auch seinen Hinweis übernommen, dass Kleist wichtige inhaltliche Wendungen ganz beiläufig in Nebensätzen einführe. Ich erwiderte, das stehe ja doch auch in Literaturgeschichten und in vielen Aufsätzen, die sich mit Kleists Prosa befassen – aber dieser Einwand prallte ab an der unerschütterlichen Selbstüberschätzung des Mannes.

Es muss betont werden, dass es sich um Einzelfälle handelte; für die Mehrzahl der ‚Gedienten' galt, dass sie sich bereitwillig in die veränderte Lage fügten. Die neue Aufgabe führte nicht zur Bewältigung der traumatischen Kriegserfahrungen, aber sie wurden dadurch verdrängt. Angemerkt werden muss auch, dass der Umgang mit diesen besonderen Studenten von Seiten der Professoren nicht immer geschickt und rücksichtsvoll war.

Ein Student, der sich in der Germanistik der älteren literaturwissenschaftlichen Abteilung zugewandt hatte, wurde dort auf die eddische Dichtung festgelegt. Der Professor, in seiner eigenen Forschung bemüht, für die Themen der im hohen und späten Mittelalter aufgetauchten Lieder der Edda eine sehr viel ältere Tradition zu rekonstruieren, stellte dem Doktoranden die Aufgabe, die Göttervorstellung der nordischen Edda zu analysieren. Es ging also gewiss um eine zentrale und interessante Frage. Aber der Doktorand sollte über die Göttervorstellung in den *Liedern der Lücke* und anderen Dichtungen schreiben, die in den Handschriften fehlten und auf die es lediglich indirekte Hinweise gab. Das machte die Aufgabe zu einer vielleicht ganz reizvollen, aber jedenfalls komplizierten und zeitraubenden Detektivarbeit. So war es nicht verwunderlich, dass der Student bei seinem Doktorvater vorstellig wurde mit dem Ziel, eine Änderung oder Einschränkung zu erreichen. Er schilderte seine Situation, hob hervor, dass er Familie habe, zwei Kinder, dass er den Unterhalt verdienen müsse, deshalb eine Arbeit angenommen habe, und dass für die Dissertation immer nur die Abendstunden blieben. Und er sei ja auch nicht mehr der Jüngste. Dies führte zu der Frage, wie alt er denn sei. Die Antwort: 33. Darauf beendete der angesehene Professor – er war der erste Nachkriegsrektor der Universität – das Gespräch mit der Feststellung: *Dann sind Sie ja noch beneidenswert jung!*

Der Student – mein Gewährsmann für diese Episode – hatte den Familiennamen *Müller*, was die Identifikation nicht gerade erleichtert, und so weiß ich nicht, ob er seine Promotion erfolgreich abschließen konnte. Und ich muss leider auch die Antwort auf die Frage schuldig bleiben, ob die Göttervorstellungen in den Liedern der Lücke inzwischen erschlossen sind.

Generalvertretung

Mein drittes Studiensemester brachte mir das Ende des Pendelverkehrs und damit eine große Erleichterung. Es war ein Glücksfall – mit einer etwas umständlichen Genese. Eine Tochter unseres Hausarztes wollte ihr Studium in Tübingen aufnehmen, und der Vater machte sich auf die Suche nach einer Unterkunft. Als Erstes wählte er den Weg über die akademische Verbindung, der er angehörte; die Verbindungen wurden ihrer Bezeichnung gerecht und versprachen ihren Mitgliedern Hilfe weit über die Studienzeit hinaus. So hatte auch die Anfrage des Alten Herrn aus meiner Heimatstadt Erfolg. Seiner Verbindung auf dem Rücken des Schlossbergs, der *Virtembergia*, hatte früher das steil abfallende Grundstück bis zur Neckarhalde gehört, das aber dann dem verdienten Hausmeister als Baugrund und Garten verkauft wurde. Auf halber Höhe stand ein Gartenhaus, dessen einziger Raum mit einem Ofen ausgestattet war, aber von den unten an der Straße wohnenden Besitzern kaum benützt wurde. Dies war das Angebot, und der Doktor griff zu, bekam aber schnell Bedenken: Das kleine Holzhaus war zwar hinter Buschwerk versteckt, aber eben auch sehr einsam, vor allem aber stand das zugehörige Klo-Häuschen in einiger Entfernung im Hang, wie auch, an anderer Stelle, der für den Gartenschlauch vorgesehene Wasserhahn, der im Winter abgestellt werden musste, sodass nur im unteren Haus Wasser geholt werden konnte. All das sprach gegen die Einquartierung einer jungen Frau und schlug mir zum Vorteil aus – ich durfte dort einziehen, und das Gartenhaus blieb für mehrere Jahre mein Hauptwohnsitz, nicht nur auf bürokratischen Meldebogen, sondern in kontinuierlicher Nutzung.

Zu den Vorzügen des Mietverhältnisses gehörte auch, dass die monatlichen Kosten auf den Freundschaftspreis von zehn Mark festgelegt wurden. Zur richtigen Einschätzung ist es notwendig, von der damaligen Kaufkraft des Geldes auszugehen; aber selbst wenn man dafür im Vergleich mit den heutigen Möglichkeiten das Zehnfache oder mehr ansetzt, bleibt es bei einem extrem günstigen Angebot. Es kam mir auch deshalb entgegen, weil Bemühungen um die Finanzierung des Studiums in den vorausgegangenen Semesterferien in eine Sackgasse geführt hatten. Ich hatte mitgeholfen, auf einem Sportplatz in meinem Heimatort Drainagen zu ziehen, und war dafür auch korrekt entlohnt worden, aber in Sachwerten. Der Vorsitzende des Sportvereins führte ein Ladengeschäft für Herrenkleidung, und so hing in der Folge ein gediegener Anzug im Schrank, den ich nur höchst selten brauchen und gebrauchen konnte.

Ökonomische Probleme spielten vor wie nach der Währungsreform eine wichtige Rolle; und da es Stipendien und andere Unterstützungen kaum gab, blieb für Angehörige der klein- und unterbürgerlichen Schichten der Zugang zur Hochschule meist verschlossen – und für Angehörige der Mittelschicht schwierig.

Die offene und schwer einschätzbare wirtschaftliche Situation war aber auch eine Verlockung, statt einem langwierigen und kostspieligen Studium kurze Wege zu einem profitablen Engagement zu suchen. Ich denke an die begeisterten Kommentare eines früheren Schulkameraden, der eine kleine Seifenfabrik gegründet hatte und im Tenor eines großen Entdeckers erklärte, dass für die Herstellung eigentlich fast nur Dreck, jedenfalls nur billige Materialien notwendig seien.

Mein eigener – gründlich misslungener – Versuch, in die Geschäftswelt einzusteigen, lag nicht auf dieser Linie, hing aber mit der schwer durchschaubaren Situation zusammen, in der ein großer und vielfältiger Bedarf viele Hoffnungen schürte, mit neuen Angeboten Käufermassen anzulocken. Auch ich war Kriegsteilnehmer, und engere Kontakte aus der gemeinsam verbrachten Zeit gingen danach nicht immer verloren. Ein guter Freund, mehr als nur Kriegskamerad, hatte sich zum Zeitpunkt meiner relativ späten Rückkehr aus der Kriegsgefangenschaft schon umsichtig in die neuen Verhältnisse eingelebt und bot mir seine Hilfe an. In der ersten längeren Diskussion kam er auf den wachsenden Bedarf an Knöpfen zu sprechen und schwärmte – ich weiß bis heute nicht, ob in vollem Ernst – von der Gründung einer Knopffabrik. Ich zweifelte nicht nur an der steigenden Nachfrage, sondern fürchtete auch, nachdem der Freund in einem anderen Metier fest angestellt war, die lebenslange Existenz als verantwortlicher Knopffabrikdirektor.

Auf den Vorschlag eines das Studium begleitenden Nebenjobs ließ ich mich dagegen ein. Mein Freund stand in Verbindung mit einem großen Vertrieb für Bürobedarf, der gerade ein neu entwickeltes Möbelstück in sein Angebot aufgenommen hatte: ein *Heimbüro*. Es handelte sich um einen großen und stabilen Schrank, in dessen Mittelteil eine Arbeitsfläche und Platz für eine Schreibmaschine war, und in dessen Flügeltüren Akten, Bücher, Papiere und kleine Gerätschaften unterzubringen waren. In jener Phase der Wohnungsnot und Raumenge war dieses Möbelstück hochfunktional, und so zögerte ich nicht, die Vertretung und den Verkauf für Tübingen und sein Umfeld zu übernehmen.

Die Firma entwarf einen Werbebrief, den ich nicht besonders geschickt fand; ich hatte irgendwo gelesen, Werbung dürfe auf keinen Fall Negatives enthalten, und in dem Text stand mehr über die beengten Verhältnisse und die generell schlechten Arbeitsbedingungen als über den wunderbar praktischen Schrank. Überzeugt, dass die Leute die Vorzüge trotzdem erkennen würden, nahm ich aber die Arbeit auf und steckte die mit meiner Adresse versehenen Blätter zunächst in der engeren Umgebung und dann auch in anderen Stadtvierteln in die Briefkästen, und gespannt wartete ich auf die ersten Nachfragen oder Bestellungen. Aber mein Briefkasten blieb leer. Umso mehr freute ich mich, als an der Eingangstür zu meinem Gartenhaus ein Zettel mit einer handschriftlichen Nachricht angebracht war. Der Absender schrieb, er habe die neue Verkaufsaktion mit großem Interesse zur Kenntnis genommen und bitte um meinen Besuch. Dann die Adresse, die in der unmittelbaren Nachbarschaft lag, der Name, und: *General a. D.*, größer als alles andere. Das stimmte mich vollends optimistisch – was sollte ein General, dem sein Tätigkeitsbereich abhanden gekommen war, anderes machen als schreiben, vielleicht nur Briefe, vielleicht aber auch eine Autobiographie oder einen Roman.

Ich machte mich gleich auf den Weg zu dem potenziellen Käufer. Er wohnte in der Neckarhalde im direkt benachbarten Haus, in dem ich bis zum Dachstock hinaufsteigen musste. Auf mein Klopfen öffnete sich die Tür zu einer kleinen Kammer, mit einer Bettstatt, Tisch und Stühlen so ausgefüllt, dass für ein zusätzliches Möbelstück kaum Platz zu finden war. Meine Hoffnungen platzten, und der ältere Mann hielt nach einer betont herzlichen Begrüßung auch nicht lange zurück mit seinen eigenen Vorstellungen und Plänen. Er habe trotz der auf dem Prospekt angegebenen Anschrift und der benachbarten Lage meinen Wohnplatz nur mühsam gefunden, und der Anstieg auf steilen Treppen und durch eine halbe Wildnis sei ja auch nicht kundenfreundlich; aber – und nun begeisterte er sich an seiner strategischen Planung – man könne ja doch gemeinsame Sache machen. Er wäre bereit, einzusteigen und Interessenten unter seiner Adresse zu beraten. Ich blieb höflich und sagte, ich müsse das mit der Firma besprechen.

Tatsächlich wandte ich mich, zumal das Argument mit der schwer auffindbaren Adresse und dem komplizierten Zugang ja nicht aus der Luft gegriffen war, rasch an den Mittelsmann, meinen Freund. Er machte kurzen Prozess mit dem Ansinnen des neuen Bewerbers, indem er witzelte, der habe wohl das mit dem General-Vertreter missverstanden, und er sorgte für einen Ausweg aus der beschriebenen Gelände- und Adressensituation, die ja tatsächlich keine günstigen Voraussetzungen für die erhoffte Laufkundschaft bot. Die Firma mietete einen Raum in der unteren Langen Gasse, in dem ein Heimbüro zur Besichtigung ausgestellt wurde. Die monatliche Miete betrug 30 Mark, die aber erst nach zwei Monaten auf meine Kosten gehen sollte, damit ich sie mit meinen Provisionseinnahmen verrechnen könne.

Das habe ich getan, und die Rechnung ging auf, wenn auch nicht so, wie ich mir das vorgestellt hatte. Nach einem knappen Vierteljahr hatten tatsächlich einige wenige Personen den Ausstellungsraum besucht und das schmucke Heimbüro besichtigt, und *ein* Exemplar war verkauft. Die vereinbarte Provision – 30 Mark – wurde mir überwiesen, und ich bezahlte eine Monatsmiete – 30 Mark. Ich weiß nicht, ob man in diesem Fall von einer schwarzen Null reden kann; jedenfalls musste ich für die lehrreiche Episode nichts bezahlen. Ich stieg aus, wahrscheinlich zur rechten Zeit, denn der Ansturm aufs Heimbüro blieb aus. Vermutlich lag die Ursache dafür nicht in mangelhafter Werbepsychologie, sondern der Preis von nahezu 300 Mark, angesichts der raffinierten und soliden Konstruktion gerechtfertigt, war einfach zu hoch.

Mein nächster Job blieb erfreulicherweise im akademischen Revier. Der Germanistikprofessor Adolf Beck, der an einer großen Hölderlin-Biographie arbeitete, bot mir die Aufgabe an, im Hölderlinarchiv handschriftliches Material durchzusehen und nach Spuren des Dichters zu suchen. Das Archiv war von Stuttgart ausgelagert worden ins Schloss Bebenhausen. Wenn ich frühmorgens mit dem Bus dort ankam, traf ich manchmal den Leiter des Archivs, Wilhelm Hoffmann, im Schlafanzug beim kargen Frühstück an. Er hatte sich in dem einstigen Kloster in einer der spartanischen kleinen Zellen einquartiert und regelmäßig ein nächtliches Pensum bewältigt, was angesichts der Vielfalt seiner Aufgaben unvermeidlich war – er war Direktor der Stuttgarter Landesbibliothek und leitete kommissarisch die Tübinger Universitätsbibliothek.

Als er sich überzeugt hatte, dass ich mit den alten Handschriften zurechtkomme, überließ er mich meiner Lektürearbeit, die gesammelten Briefen aus dem Umkreis der zu ihrer Zeit manchmal so benannten und von Heinrich Heine so beschimpften *Schwäbischen Schule* galt. Ich wusste ein wenig von den Grabenkämpfen, in die sich Literaturwissenschaftler hinsichtlich der Entstehung, der gültigen Fassung und der Interpretation einzelner Hölderlintexte verstrickt hatten, war aber nicht ganz darüber im Klaren, in welch detaillierter Landschaft sich die Philologen bewegten. Nach kurzer Zeit fragte mich Adolf Beck telefonisch, ob ich etwas gefunden hätte – meine Antwort war: Ja, zwei, drei Briefstellen, in denen Hölderlin erwähnt sei, aber ohne wichtige Informationen. Vielleicht sagte ich sogar, man könne das vergessen – jedenfalls höre ich noch Becks Ausruf, in dem sich Tadel meiner Ignoranz und Jubel über den neuen Fund mischten. Seither weiß ich, wie kleinteilig wissenschaftlicher Fortschritt sein kann.

Federschlange

Viele Male gedachte ich in diesem unruhvollen Jahr der besonderen Gunst des Schicksals, das mir eine Jugend anvertraute, die – direkt aus Krieg und Gefangenschaft heimkehrend – so ernsthaft, wissensdurstig und lernwillig war, dass das Lehren uns beschwingte und beglückte. Das Verhalten uns gegenüber war, bei aller spürbaren Sympathie und Vertrauensbereitschaft, stets respektvoll, und die kameradschaftliche Note, auf die ich Wert legte, wurde nie missbraucht.

So erinnert sich die 80-jährige Elisabeth Gerdts-Rupp 1968 in einem für den Rektor der Universität bestimmten Brief an ihre Tübinger Lehrtätigkeit. Es ist anzunehmen, dass sie zu den Kriegsteilnehmern einen besonderen Draht fand, weil sie selbst von den Grausamkeiten des Kriegs unmittelbar getroffen war. Ende Februar 1945 erschoss sich ihr Mann, der Marineoffizier Jan Gerdts, nach der Weigerung, sein Schiff zu einem schutzlosen Flüchtlingstransport auslaufen zu lassen – wenige Tage später fielen Tausende KZ-Häftlinge, die man auf das Schiff gebracht hatte, einem Bombenangriff zum Opfer. Um die gleiche Zeit wurde das Reutlinger Haus, in dem Elisabeth Gerdts-Rupp lebte, durch Bomben zerstört. Aber es waren nicht nur diese Erfahrungen von Verlust und Zerstörung, die sie den Heimkehrern nahebrachten, sondern auch ihr eigener Wissensdurst, die Begeisterung und Vitalität, die ihr Engagement an der Uni charakterisierten.

Sie hatte ihr Studium der Völkerkunde, Geographie und Religionswissenschaft in Tübingen 1925 begonnen. Anfang der 1930er Jahre unternahm sie vermehrt Forschungsreisen – zu Zielen in Ozeanien, Afrika und Südamerika. Dort gehörte ihr besonderes Interesse den Araukanern, einem Indianerstamm in Chile, dessen Traditionen sie nicht nur in der Feldforschung nachging, sondern zu dem sie auch spanische Quellen aus dem 16. Jahrhundert auswertete. Das war der Gegenstand ihrer 1934 abgeschlossenen Dissertation. Einige Jahre arbeitete sie am Hamburger Institut für Völkerkunde, kehrte aber 1939 zurück und übernahm freiwillig und ehrenamtlich die Verantwortung für den Fortbestand der Tübinger Völkerkunde, die zwar als *Institut* geführt wurde, praktisch aber völlig eingebunden war in das Geographische Institut, dessen Versuche halb freundlicher und halb feindlicher Übernahme Gerdts-Rupp ebenso wie Raumforderungen anderer Nachbardisziplinen energisch abwehrte.

Die Völkerkunde war während des Kriegs Teil des neu geschaffenen Studiengangs *Auslandswissenschaften*, in dem nach den Worten des württembergischen Ministerpräsidenten gelernt werden sollte, *weltweit zu denken*. Die Universität hoffte vergeblich auf die Einrichtung einer Dozentur für Völkerkunde; für Elisabeth Gerdts-Rupp wäre dies keine Chance gewesen, da für sie die vorausgesetzte Habilitation wegen ihrer politischen Einstellung blockiert war. Sie löste das *weltweite*

Denken aus dem rassenkundlichen Zwangsrahmen; die von ihr angebotenen Kolloquien lehrten einfühlendes Verständnis fremder Kulturen. Sie war praktisch auf sich allein gestellt, auch wenn zwei Planstellen ausgewiesen waren. Professor Ludwig Kohl-Larsen hatte als Arzt in Lappland gearbeitet und Kaffeeplantagen in Afrika betrieben; die Universität war vor allem an seiner großen Sammlung interessiert, für deren Unterbringung eigens das Haus der akademischen Verbindung Igel angemietet wurde. Der Sammler tauchte nur unregelmäßig in Tübingen auf und wurde 1942 zum Kriegsdienst eingezogen – ebenso wie ein zum Tübinger Dozenten ernannter jüngerer Völkerkundler, der auch schon vorher ganz überwiegend in Berlin war, wo er eine Anstellung hatte – ausgerechnet im Propagandaministerium.

In der schwierigen Übergangsphase nach dem Krieg gehörte es zu den strategischen Aufgaben der Universitätsleitung, möglichst auch die sogenannten *Kleinen Fächer* und damit das umfassende Studienangebot zu erhalten; begünstigt wurde diese Absicht dadurch, dass sich die zuständigen Vertreter der französischen Besatzungsmacht in derartigen Fragen weniger als Aufseher und mehr als Partner gerierten. Es bedurfte aber grundsätzlich auch der Aktivitäten in den Fächern selbst, und hier ergriff in der Völkerkunde Elisabeth Gerdts-Rupp die Initiative. Sie verhinderte die Berufung eines Professors, der sich mit NS-Ideen exponiert hatte, und sie sorgte mit ihrer Lehrtätigkeit und der Übernahme organisatorischer Aufgaben für Kontinuität. Schon in den Kriegsjahren bot sie Kolloquien an; in die offiziellen

Semesterprogramme wurden ihre Lehrveranstaltungen aber erst 1948 aufgenommen, nachdem sie eine offizielle Lehrermächtigung erhalten hatte, und ihre umfassende Tätigkeit für die Tübinger Völkerkunde wurde als freiwillige Leistung nur mit immer wieder umstrittenen und kümmerlichen Donationen honoriert, die unter dem Tarifniveau für Hilfskräfte lagen. Das ging so bis zu ihrem Ausscheiden im Jahr 1959, nachdem – nicht zuletzt dank ihrer Vorarbeit – ein Lehrstuhl für das Fach eingerichtet worden war.

Die Schwierigkeiten, mit denen sie zu kämpfen hatte, hingen einerseits damit zusammen, dass sich für das Fach Völkerkunde in Tübingen keine gefestigte Tradition und damit keine gesicherte Ausstattung herausgebildet hatte. Sie hatten aber auch mit ihrer Persönlichkeit zu tun, der diplomatisches Verhalten fremd blieb, und die gerne zu erkennen gab, dass sie die Kollegen mit einer normal-langweiligen Uni-Karriere zu den *philisterhaft Zufriedenen* zählte, die sie schon immer verspottet hatte. Tatsächlich war und ist eine akademische Laufbahn ja oft ein zwar anstrengender, aber in seiner Engführung gut gesicherter Aufstieg, während Quereinsteiger buntere Erfahrungen und freiere Perspektiven mitbringen – heilsames Fremdkapital für eine durchorganisierte und normierte Institution.

Elisabeth Gerdts-Rupp kann dafür als Musterbeispiel präsentiert werden. Spät legte sie ihre Tübinger Dissertation vor, sie ging auf die 50 zu. Aber es war ihre zweite Promotion; schon mit 25 hatte sie einen Doktortitel erworben. Sie brauchte die Unterstützung der Mutter, um den Vater, einen hochrangigen Juristen, zur

Einwilligung in ihr Studium zu bringen; und sie musste ihr schon in der Schulzeit gewonnenes *weltweites Denken* und ihre Träume von der Ferne zurückstellen. Sie folgte – im doppelten Sinn – dem Vater, nahm das Jurastudium in Straßburg auf, war eine der wenigen Frauen an der Universität, und bei den Juristen, wie sie es beschrieb, die *einzige Frau unter hundert Männern, und unter diesen herrschte eine kindliche Feindseligkeit gegen die Eindringlinge.* Aber selbstbewusst suchte sie ihren Weg; sie weigert sich – wieder in ihren Worten –, *ihr Gedächtnis mit den ödesten Ausschwitzungen längst verdorrter professoraler Gehirne zu tränken*; sie will ihre *eigenen Gedanken in Bewegung setzen.* Ihre Doktorarbeit ist denn auch die eigenwillige Antwort auf eine schmerzhafte existenzielle Erfahrung: Ein ihr nahestehender junger Dozent hat sich erschossen; sie stellt die Argumente gegen den Freitod in Frage, sieht in der *Vergewaltigung von Bibelstellen* den Grund für die Tabuisierung in der christlichen Tradition, und sie wählt für ihre Arbeit den provokanten Titel „*Das Recht auf den Tod*".

Den Beginn des Ersten Weltkriegs erlebt sie in Berlin. Ihr Wunsch, Schauspielerin zu werden, lässt sich nicht verwirklichen. Sie steigt in die Sozialarbeit ein und ist bald enttäuscht von den bürokratisch verhärteten Hilfsmaßnahmen. Ihren Weg, von den Spielen und Träumen der Reutlinger Kindheit bis zu den fragwürdigen humanitären Aktionen in Berlin, schildert sie in einer lebendigen Biographie. Diese ist, zusammen mit wenigen lyrischen Publikationen, ihr Einstieg ins literarische Metier und Milieu. Sie trifft Hermann Hesse, der ihre poetischen Ambitionen kurze Zeit unterstützt, dann aber weitgehend ignoriert – obwohl oder weil sie die Begegnung mit ihm in einer fernöstlich verfremdeten, farbig-schwülen Erzählung verarbeitete.

Lisel Rupp reiste nach Argentinien, übernahm bei einer deutschen Familie die Stelle einer Hauslehrerin – und kehrte vorzeitig zurück. Aus Heimweh, nachdem ihr Fernweh sie nicht zum erträumten Tahiti-Paradies gelenkt hatte. Auf der Rückfahrt verliebte sie sich in den jungen Seeoffizier Jan Gerdts, den sie den *Inka* nannte und der für sie den Zauber alles Exotischen verkörperte. Es kam zu einer schnellen Heirat – aber, ganz in ihrem Sinne, nicht zum typischen Ehe-Arrangement mit seiner *bürgerlichen Umzäunung*. Jan Gerdts war weiter auf den Weltmeeren zuhause, und sie war frei für ihre wissenschaftlichen Reisen und Abenteuer.

In ihrer späten Tübinger Zeit war sie neben der Familie des Hausmeisters die einzige Schlossbewohnerin; sie lebte in einem der Institutsräume – allein mit einigen Katzen. Zu Tieren hatte sie ein herzliches Verhältnis; sie tauchen oft in ihren Gedichten auf, und sie wünschte sich, falls überhaupt, dann im *Tierhimmel* zu landen. Zu den Touristen hielt sie ebenso Abstand wie zu den Studierenden der Geographie, über die sie sich beklagte, weil sie nach ihrer Auffassung anstatt zu arbeiten bis in die Nacht einen lärmenden *Amüsierclub* bildeten. Vor allem waren privilegierte Gruppen der Bevölkerung ihrem Spott ausgesetzt, so etwa die Professorenwitwen, die nach ihrer Ansicht mit lächerlichem modischen Zierrat ihr Ansehen zu steigern versuchten – als wünschenswertes Kontrastmodell verwies sie auf die indische Witwenverbrennung. Scherzhafte Sottisen – aber mit einem aggressiven Unterton.

Kein Wunder, dass die alte Dame als wunderlich galt. Dazu trug auch ihr Übername *Federschlange* bei, den sie aus Amerika mitgebracht hatte und den sie stolz zur Schau stellte. Freundschaftliche Briefe unterschrieb sie grundsätzlich so, manchmal aber auch offizielle oder halboffizielle Schreiben. Über das exotische Mitbringsel machte man sich im allgemeinen wenig Gedanken, obwohl die Bezeichnung sicher nicht zufällig gewählt war. In einer größeren Zahl alter mittel- und südamerikanischer Volksgruppen war die Federschlange ein mythisches Wesen, dessen physische Ausstattung Erde und Himmel verband und das über göttliche Kräfte verfügte.

Von den vielfältigen Kenntnissen der Ethnologin und ihrem weiten Horizont nahmen nur wenige Notiz. Da sie von ihren nächsten Nachbarn, den Geographen, Abstand hielt wie diese zu ihr, kam sie öfter ins Ludwig-Uhland-Institut, und es war nicht nur vergnüglich, sondern auch lehrreich, ihr zuzuhören. Sie transportierte in die aufgeklärte, aber auch etwas graue abendländische Gegenwart die Anmutung farbig-phantastischer Bilder aus fernen Kulturen. In einem kleinen Gastreferat spricht sie über Schamanentänze, die zur Entrückung, zum Gefühl traumhafter Entfernung aus der Realität führen. In der Diskussion wird gefragt: *Glauben denn die Schamanen, dass sie davonfliegen?* Ihre Antwort: *Glauben? Sie fliegen wirklich davon!* Bewusst argumentiert sie aus dem Innern der fremden Kultur.

Und sie blockiert auch nicht den Zugang zu ihren privaten Erlebnissen. In einer kleinen Kaffeerunde wagt einer die Frage: *Stimmt es denn, dass Sie Hermann Hesse gekannt haben?* Sie zeigt sich empört, aber nicht über die Indiskretion. *Gekannt?* sagt sie – *Ich war seine Konkubine!* Hesse-Forscher stellen das manchmal in Frage, und es besteht kein Zweifel, dass sich just um die Zeit jener Begegnung die zweite Ehe des Dichters anbahnte – mit einer anderen Frau. Aber macht dies die Liebschaft zur bloßen Erfindung?

Das letzte Jahrzehnt ihres Lebens verbrachte Elisabeth Gerdts-Rupp am Bodensee – Rückkehr in die Lieblingslandschaft ihrer Kindheit. In Briefen hielt sie die Verbindung mit Tübingen aufrecht. Vor ihrem Umzug, so schrieb sie, habe sie eine Annonce ans Freiburger Diözesanblatt geschickt: *Reife, noch reizvolle Witwe mit bewegtem Vor- und konsolidierten Nachleben sucht als Mieter in ihre neuerbaute Villa am Untersee keusch gesinnten katholischen Kleriker mittleren Alters zwecks Wohngemeinschaft mit Trennung von Tisch und Bett.* Höchstwahrscheinlich war das nicht geflunkert, und sie hatte die Anzeige tatsächlich eingereicht; jedenfalls fügte sie in der brieflichen Schilderung hinzu: *Und denken Sie: die witzlose Bande hat das Inserat nicht drucken wollen! So musste ich mit einer halbwegs keusch gesinnten Jungfrau vormittleren Alters vorliebnehmen.*

Nicht nur ihre Schlagfertigkeit und ihren Witz bewahrte sie bis ans Lebensende. Sie verfolgte weiterhin kritisch die Tendenzen und Ergebnisse der Völkerkunde. Sie schrieb weiterhin einzelne Gedichte. Und ihr Hauptinteresse galt den Bemühungen des Naturschutzes – praktisch an ihrem Wohnsitz auf der Halbinsel Mettnau, und theoretisch in manchen Kontroversen über die Bewahrung von Vielfalt und Schönheit der Natur. Damit erneuerte sie eine Orientierung, die schon in ihrer Jugend wichtig für sie war.

Eine lange Lebensgeschichte. Von einer Frau, die keine Professorin war, ja eigentlich überhaupt keine ordentliche akademische Stelle hatte, die aber in schwierigen Zeiten spontan und aus freien Stücken für die Universität arbeitete.

Genau deshalb wird ihre Geschichte hier erzählt.

Nebenwirkungen

In den 1950er Jahren war für den Großteil der deutschen Bevölkerung die Grundversorgung gesichert, und für viele – insbesondere im westlichen Teil – öffneten sich vielfältige Optionen zur Erweiterung des Besitzstandes und zu moderatem Luxus. Dies ging Hand in Hand mit Fortschritten der technischen Entwicklung, die gemessen am heutigen Tempo recht gemächlich war, damals aber als rasanter Ein- und Umbruch empfunden wurde. Im Privatleben war man fasziniert von neuen Gerätschaften, die in der verstärkt auftretenden Reklamepsychologie als unverzichtbar klassifiziert wurden. In den Haushalten waren die Veränderungen im Küchenbereich besonders auffallend und charakteristisch. Es war die Zeit, in der monströse Allzweckgeräte zur Zubereitung von Speisen und Getränken zu Verkaufsschlagern gehörten. Journalisten begleiteten diese Konjunktur mit der Feststellung, die Innovationen wären gewiss schon früher zustande gekommen, wenn Männer unter der Haus- und Küchenarbeit zu leiden gehabt hätten. Das war wohlmeinend emanzipativ gedacht, aber auch zwiespältig, weil es den Frauen keine offene oder gar kreative Haltung gegenüber Neuerungen zutraute. Außerdem blieb in all diesen Erörterungen im toten Winkel, dass die neuen Geräte nicht nur Erleichterungen brachten, sondern auch neue Belastungen – das Geschenk der technischen Küchenhilfen zwang beispielsweise die dafür meist zuständigen Frauen zu so mühsamen Reinigungsarbeiten, dass dadurch die vorher gewonnene Zeitersparnis wieder ausgeglichen wurde.

Technische Neuerungen fanden ihren Weg verstärkt auch in Berufsfelder, und oft führte dieser Weg über akademische Versuchsstationen. Die Forschung zog mannigfachen Nutzen aus dem technischen Fortschritt. Das betraf naturgemäß vor allem medizinische und allgemein naturwissenschaftliche Disziplinen, ließ aber auch kulturwissenschaftliche Fächer nicht unberührt. Am Tübinger Ludwig-Uhland-Institut, an dem ich nach Promotion und Referendariat als Assistent arbeitete, spielte neben der auf kulturelle Traditionen ausgerichteten Volkskunde die Dialektforschung eine wichtige Rolle. Sie war keine reine Schreibtischaufgabe, sondern forderte den direkten Einblick in sprachliche Traditionen und ihren Wandel. Die entsprechenden Erhebungen, vor allem Befragungen zur Aussprache einzelner Laute und zur Verwendung einzelner Wörter, wurden von den Forschern beim Besuch ihrer Gewährspersonen notiert, wobei für die im Alphabet nicht ausgewiesenen Lautfärbungen besondere Zeichen notwendig waren und manchmal neu erfunden wurden. Die Sprachwissenschaftler unter den Tübinger Germanisten hatten das durch viele Jahrzehnte praktiziert, hatten Atlanten und Wörterbücher, aber auch substanzielle historische und geographische Einzeluntersuchungen vorgelegt, hatten aber keine Möglichkeit, sprachliche Realität noch umfassender zu analysieren. Deshalb war es eine bedeutende Neuerung, als nach wenigen Schallplattenaufnahmen der Vorkriegszeit nun Dokumentationen mit dem Tonbandgerät möglich waren.

Beim Auspacken der zwei zur Verfügung gestellten Geräte war die Freude noch ungetrübt. Aber die Nutzung war, was Vorbereitung und Rücktransport anlangt, ziemlich desillusionierend. Die Geräte hatten das Format eines Koffers, der am Flughafen wohl gerade noch als Handgepäck durchgegangen wäre; aber da der kompakte Inhalt fast nur aus Metall bestand, waren die Stücke extrem schwer. Für einen Fußmarsch war so ein Aufnahmegerät schlechterdings ungeeignet, und für den Transport mit dem Fahrrad – auf dem Rücken und nicht auf dem Gepäckständer – waren riskante Balanceakte gefordert.

Für mich resultierte aus diesem dienstlich relevanten Befund die größte private Investition und Innovation jener Jahre: ich kaufte ein Auto, einen gebrauchten – schon recht lange gebrauchten – Volkswagen. Der unmittelbare Anlass dafür war, dass ich die Aufgabe übernommen hatte, für die als Auftakt zu einer neuen Reihe gedachte Kreisbeschreibung Wangen im Allgäu das Kapitel über Volkskultur und Dialekte zu schreiben. In mehreren Abschnitten war ich tagelang zu Fuß unterwegs, steuerte die weit auseinander liegenden Weiler und Gehöfte an und suchte Gesprächskontakt mit den Bewohnern. Es war spannend und lehrreich; ich traf alte Männer, darunter Geistliche, die Krankheiten durch gesprochene Heilformeln und Gebete vertrieben,

Frauen, die von den Hexen in ihrer Nachbarschaft berichteten, Leute, die Besen in die Sebastians- und Rochuskapellen trugen, um ihre Furunkel zu verlieren – aber ich erfuhr auch viel vom Alltagsleben, den vielen Sorgen und den selteneren Vergnügungen. Und ich kartierte sorgfältig Mundartgrenzen und notierte Besonderheiten des Sprachgebrauchs.

Ich kannte und respektierte die Lobreden auf die Fußwanderung – von Johann Gottfried Seumes Reflexionen auf dem Weg nach Syrakus bis zu den robusten Empfehlungen des Schwäbischen Albvereins –, aber die Zeit, die auf den langen Strecken meiner Fußmärsche blieb, fehlte mir in Tübingen. Mit dem Auto glaubte ich den Rhythmus ändern und den Zeitaufwand insgesamt reduzieren zu können, landete aber bei einer unerwarteten und kuriosen Pointe. Als der Kauf des PKWs gerade perfekt war, wurde das Wangener Unternehmen ohne offizielle Begründung abgeblasen. In abgeschirmten Kanälen sickerte dann aber doch durch, was dahinter steckte. Als zentraler Teil der amtlichen Beschreibungen wurde der historische gesehen, mit dem in diesem Fall der Fürstliche Archivrat des Hauses Waldburg-Zeil betraut war, der dadurch die wichtigsten Fäden in der Hand hielt. Er schob aber seinen Beitrag vor sich her und schließlich von sich weg mit der Begründung, man habe jüngst ja Alemannengräber im Oberschwäbischen gefunden, und damit sei die regionale Geschichte so in Bewegung geraten, dass man weitere Entdeckungen und Erkundungen abwarten müsse. Dass er damit im Grunde generell die Möglichkeit historischer Darstellungen ausschloss, wurde anscheinend nicht überall erkannt; vor allem aber wagte man offenbar nicht, den verdienten Historiker mit dem einflussreichen Fürsten im Hintergrund anzugreifen oder auszuschließen.

Trotz diesem unrühmlichen Ende des Projekts habe ich immer wieder einmal von den Einödhöfen und der aufgelockerten Besiedlung im württembergischen Allgäu gesprochen – und zwar gewissermaßen als Entschuldigung für den Besitz eines Autos, der sich für einen subalternen Geistesarbeiter eigentlich nicht gehörte. Für Autofahrer war die Formel *BMW* im Umlauf, und zwar als Kürzel für *Bäcker, Metzger, Wirte*, die von der wirtschaftlichen Lage begünstigt und entsprechend gut ausgestattet waren. In Tübingen mit seinen Chefärzten, hohen Regierungsbeamten und Anwälten verschiedener Ausrichtung deckte dieses BMW nicht alles ab, aber man wusste, wer und was gemeint war.

Ich kann nicht ausschließen, dass auch meine Bereitwilligkeit, den Chauffeur für Andere zu spielen, nicht nur natürlicher Hilfsbereitschaft entsprang, dass vielmehr der Gedanke der Kompensation für mein Privileg hereinspielte. Jedenfalls habe ich auf grundsätzlich stau- und oft autofreien Straßen Nachbarn und Bekannte häufig zu ihren Zielen kutschiert. Zu den regelmäßigen Fahrten zählten die mit dem damaligen kommissarischen Institutschef Helmut Dölker, der nur einmal in der Woche nach Tübingen kommen konnte, weil er in Stuttgart das Landesamt für Denkmalpflege leitete und daneben noch viele andere Aufgaben wahrnahm. Die von ihm geplanten und geführten Exkursionen waren aus gutem Grund beliebt: Er kannte sich aus, und er legte Wert darauf, die ganze Strecke vorher kennenzulernen und die späteren Fahrtteilnehmer mit einem Dia-Vortrag auf die Tour einzustimmen.

Bei einer der Vorbereitungsfahrten regnete es in Strömen, und ich blieb auch an den Haltepunkten am Steuer sitzen, während der Professor seinen Fotoapparat halb mit seinem Regencape abdeckte und eine Reihe von Bildern schoss: Kapellen und Feldkreuze, Hofanlagen und Gerätschaften, Bauerngärten und Pferche, Fachwerkgiebel und Dachverzierungen. Es war eine mühsame Prozedur, zumal er bei Aufnahmen im Querformat nicht nur den Apparat entsprechend drehte, sondern durch eine Körperbeugung die richtige Einstellung suchte. Spät am Nachmittag, nachdem wir schon mehrere Stunden unterwegs waren, richtete er die Kamera auf die Schnitzereien an einer Haustür, kam aber gleich wieder zurück ins Auto und sagte, das sei ihm noch nie passiert – es sei kein Film in dem Apparat. Die Teilnehmer an der Busfahrt kamen also nicht in den Genuss einer illustrierten Einführung – mir sind dagegen die vergeblich anvisierten Motive alle in Erinnerung geblieben.

Jener kleinen Panne lässt sich die Feststellung anschließen, dass zwischen objektiv möglichem und subjektiv genutztem Fortschritt ein Unterschied besteht – in der digitalen Komplexität eine ständige Erfahrung, aber auch in früheren Phasen greifbar. Neue Maschinen und Geräte locken zum Erwerb und Gebrauch, erweisen sich aber nicht immer als hilfreich und oft als schwierig zu handhaben. Ein Beispiel bot die Lochkartei in unserem Institut, mit der sich Hoffnungen für ein großes

Projekt verbanden. Es ging um sogenannte Konferenzaufsätze, die im Rahmen der Lehrerfortbildung von jungen Lehrern verlangt wurden und für die in der Zeit um die Wende zum 20. Jahrhundert in der zuständigen Lehrerkonferenz das Thema *Volkstümliche Überlieferungen* gewählt wurde. Mehr als 500 Arbeiten aus dem ganzen Land kamen zustande, in denen detaillierte Angaben zu kulturellen Beständen in einzelnen Gemeinden gesammelt wurden. Der reiche Bestand war zwar unter der Leitung des Tübinger Professors Karl Bohnenberger in mehreren Überblicksbänden vorgestellt worden, aber für eine genauere Auswertung blieb der Zugriff auf die Aufsätze selbst unerlässlich. Dies erschien jetzt leichter möglich durch die Übertragung auf Karteikarten und deren Erschließung über ein Lochungssystem. In der Medizin hatte man damit schon Erfahrungen gesammelt; über die Lochungsmarkierung von Symptomen und Medikamenten konnten so vorher unbekannte Korrelationen festgestellt werden. Im Prinzip war dies auch für den Nachweis von Brauchelementen oder Mundartmerkmalen möglich; aber nicht nur die extensive Lochungsarbeit, sondern auch die Überprüfung von Zusammenhängen erwies sich als umständlich und zeitraubend. Ich habe noch das Bild vor Augen, wie der freundliche und gewissenhafte Professor bearbeitete und damit gelochte Karten in den Rahmen der kleinen Apparatur schob und dann mit den an Stricknadeln erinnernden Stäben in den Löchern stocherte, um Gemeinsamkeiten herauszufischen. Es dauerte lange, und es erforderte einige Übung, die Sortiermechanik richtig anzuwenden. Er ließ sich nicht schnell entmutigen, musste sich schließlich aber doch mit einem sehr eingeschränkten Erfolg abfinden – wenn auch nicht ganz wie zuvor beim Foto-Shooting.

Den Lochkarteien steht ein kleiner Platz im Stammbaum des Computers zu, zumindest auf einem Seitenzweig. Der Vergleich macht freilich deutlich, wie weitreichend die Fortentwicklung solcher Ansätze ist. Generell lässt sich feststellen, dass technische Anfänge zur Perfektion komplexer und mächtiger Apparaturen gesteigert wurden, und dass mit Rücksicht auf die Verbreitung und Handhabung auch eine auffällige Tendenz zur Verkleinerung im Apparatewesen entstand. Mitte der 1950er Jahre wandte sich das technisch versierte und vorwiegend mit Messungen (etwa der Lautlängen und Tonhöhen) befasste *Deutsche Spracharchiv* an unser Institut mit der Aufforderung zur Teilnahme an einer bundesweit vorgesehenen Erhebung der Dialekte. Meine erste Rückfrage galt den praktischen Anforderungen und der technischen Ausstattung. Die Antwort war sehr beruhigend, und schon wenige Wochen später waren wir unterwegs in einem Aufnahmewagen mit einem Fahrer, der als gelernter Toningenieur nicht nur das Auto steuerte, sondern auch die Tontechnik der eingebauten großen Aufnahmemaschinerie. Ich hatte einen Doktoranden ermuntert, seine Untersuchung der Tübinger Stadtmundart zu unterbrechen und sich an dem größeren Forschungsunternehmen zu beteiligen; er sagte zu, übernahm in vielen der ausgewählten Orte die Aufnahmeleitung, und da er nach der Aktion in einer Tübinger Arbeitsstelle Möglichkeiten systematischer Analyse der Aufnahmen erschloss, wurde die

Mundartforschung im alemannischen Sprachraum zu seiner Lebensaufgabe.

Dieser Weg von Arno Ruoff bildet eine eigene Geschichte. Hier ist die Anmerkung am Platz, dass er und seine Mitarbeiter bei der Verdichtung des Aufnahmenetzes und damit der Ergänzung des reichhaltigen Materials nicht mehr auf die mächtigen Maschinen im Aufnahmewagen angewiesen waren. In der Entwicklung technischer Anlagen bemühte man sich nicht nur um Verbesserung der Qualität, sondern auch um die Reduzierung der Maße und der Masse. Die enorme Verbreitung neuer Kommunikationsmedien ging Hand in Hand mit der Tendenz zur Miniaturisierung, die auch vor den schon länger eingeführten Geräten nicht Halt machte. Für Tonaufnahmen standen bald handliche Maschinen in der Größe einer vollen Aktenmappe zur Verfügung, danach so groß wie eine Handtasche, und schließlich dienten Geräte, die nicht viel größer waren als zwei Zigarettenpackungen, nicht nur als Diktiergeräte, sondern auch als perfekte Aufnahme- und Speichermedien.

Die Verkleinerung ging noch weiter. Ein Hamburger Kulturwissenschaftler und Museumsleiter ging schon Anfang der 60er Jahre auf Vortragsreise mit einer in der Schweiz oder den USA erworbenen Armbanduhr, mit der er auf Frachtschiffen die Gespräche von Matrosen aufgenommen hatte. Er war sichtlich stolz auf diese Erhebungsmethode und vertrat die Überzeugung, dass man auf diese Weise künftig Sprechakte sammeln und dokumentieren könne, zu denen man als Außenstehender bisher keinen wirklichen Zugang hatte. Im Tübinger Hörerkreis herrschte kritische Skepsis vor: Der Professor ignorierte die lebhaft diskutierte Tendenz in der ethnographischen Feldforschung, die im Fokus stehenden Akteure und Überlieferungsträger nicht nur als Objekte zu verstehen, sondern sie mehr oder weniger ausführlich zu informieren und sie mit in den Forschungsprozess einzubeziehen.

Inzwischen zeichnet sich allerdings ab, dass die Verwirklichung dieses ethisch fundierten Prinzips nicht so einfach ist und dass auf digitalen Wegen früher unzugängliche Äußerungen noch sehr viel umfassender aufgezeichnet und gespeichert werden. Dies lenkt den Blick auf eine Konsequenz des Fortschritts, die man fast nicht mehr als *Neben*wirkung bezeichnen kann. Der Fortschritt, ausgedrückt in der Steigerung des technisch Machbaren, drängt auf Verwirklichung und lässt die Analyse möglicher Folgen oft zu schnell zurück. Dies impliziert globale Gefährdungen, gilt aber auch in weniger gewichtigen Problemfeldern der Wissenschaft.

Raumscharmützel

Leute, die selbstsicher behaupten, sie hielten sich grundsätzlich friedvoll aus jedem Streit heraus, sollte man daran erinnern, wie oft sie in einen Kampf um Plätze und Räume verwickelt waren. Dieser – meist taktisch geführte – Kleinkrieg beginnt schon früh im Kindesalter, wenn ein bestimmter Platz am Familientisch oder auch am Sandkasten angestrebt wird; und er endet oft in der Klinik, wo selbst Todkranke noch auf einen Fensterplatz reflektieren. Und dazwischen gibt es ständig Situationen, in denen man sich um einen günstigen Platz bemüht, für kurze Zeiten im Zug oder Flugzeug, im Theater und Konzertsaal, im Stadion oder der Sporthalle, bei den Liegeplätzen am Strand. Im Freizeitbereich entstehen Stammplätze, die von anderen besser nicht in Anspruch genommen werden sollten, und es gibt trotz allen Bestrebungen zur Flexibilisierung nach wie vor feste Positionen von Arbeitsplätzen – vor allem, aber nicht nur im Büro. Auch das Studium ist nicht frei von kleinen Auseinandersetzungen um Arbeitsplätze, die das Lernen begünstigen, wenn auch die mediale Aus- und Aufrüstung zu einer gewissen räumlichen Unabhängigkeit geführt hat.

An den Hochschulen geht es aber nicht nur um einzelne Arbeitsplätze, sondern auch um die Verteilung von Räumen. Sie spielt hier eine größere Rolle als in vielen anderen Institutionen, weil sich durch die wachsende Zahl der Studierenden und den wechselnden Charakter von Lehrveranstaltungen und Forschungsprojekten die räumlichen Anforderungen immer wieder ändern. Es gibt zwar auf längere Dauer gestellte Zuweisungen, die nicht nur Räume mit technischen Funktionen betreffen, sondern auch die Zimmer des wissenschaftlichen Personals, die in ihrer Lage und Größe vielfach Hierarchien abbilden. Aber auch hier handelt es sich nicht schlechthin um einen Dauerzustand, da bei vielen personellen Änderungen auch die räumliche Ordnung neu ausbalanciert werden muss. Manchmal betraf dies nicht nur die Raumzuteilung, sondern auch die Ausstattung. Im Schlossbereich bestand ein von einer anderen Universität kommender Professor darauf, dass die Heizkörper und Installationsrohre in seinem Zimmer violett (oder war es lila?) gestrichen wurden – für ein einziges Semester, denn danach folgte der Wissenschaftler einem anderen Ruf. Ich habe diese ‚Verschönerung' nicht gesehen, aber die sie kolportierenden Hausmeister hatten den erforderlichen Einblick.

Wenn von Raumproblemen der Universität die Rede ist, zielt dies meist weniger auf Fragen der internen Verteilung in den einzelnen Instituten; vielmehr geht es um die räumliche Kapazität der ganzen Institution und um die angemessene und sinnvolle Ausstattung der bestehenden Einheiten. Für beide Aufgaben ist bedeutsam, dass in Tübingen die Uni nicht in einem ausbaufähigen Campusgelände konzentriert, sondern auf zahlreiche Positionen in der Stadt angewiesen ist. Das galt schon in den Jahren nach dem Krieg. Tübingen war zwar dadurch begünstigt, dass die Kriegszerstörungen äußerst gering waren; aber die stetige Zunahme der Immatrikulationen wie auch die Ausdifferenzierung alter und die Entstehung neuer wissenschaftlicher Disziplinen führte zu Engpässen und als Antwort zur vermehrten Einrichtung fachlicher Einheiten in Privathäusern und Mietwohnungen.

In diesen isolierten Einheiten entwickelten sich starke Identifikationsbezüge und Gefühle der Zusammengehörigkeit, die der fachlichen Arbeit zugute kamen, allerdings manchmal die Kooperation mit Nachbardisziplinen behinderten. Besondere Probleme ergaben sich, wenn Institute auf mehrere, manchmal weit auseinanderliegende Gebäude verteilt waren. Dies galt beispielsweise für das Fach Psychologie, das über keinen traditionellen Standort verfügte, auf Anmietungen angewiesen und längere Zeit auf drei verschiedene und auch nicht direkt benachbarte Häuser verteilt war. Das war umständlich, außerdem war mit den drei Mieträumen auch in der Summe der Bedarf nicht gedeckt, und so drängte man auf eine weitergehende Veränderung.

Tatsächlich kam es zu einer ‚Begehung' mit Vertretern der Universität und zuständiger Behörden. Schon die erste der drei Einrichtungen – in einem Haus der Neckargasse – bot eine überzeugende Demonstration der Raumnot: Obwohl es noch relativ früh am Morgen war, hatten sich Dutzende Studentinnen und Studenten eingefunden, für die nicht einmal die Stühle ausreichten. So bedurfte es keiner langen Erklärungen; der Kontrollgang wurde rasch fortgesetzt und führte zu einem

Haus am Marktplatz, wo es in den Institutsräumen ähnlich eng zuging – wieder saßen viele Studierende vor ihren Büchern oder suchten ihre Lektüre in den wenigen Regalen, und am dritten Standort war es nicht sehr viel anders. Man war sich einig in der Kommission, dass etwas getan werden müsse, und es kam nach einiger Zeit zu einer gewissen Verbesserung des Raumangebots – dank der vielen jungen Leute, die als eifrig Lernende eine wichtige Statistenrolle übernommen hatten. Was den Entscheidungsinstanzen verborgen blieb, machte in Tübingen die Runde: dass es sich tatsächlich um eine Theateraktion gehandelt hatte. Der Romanist Mario Wandruszka, damals Dekan der Philosophischen Fakultät, der an der Besichtigungstour beteiligt war, erzählte im Kollegenkreis, schon in der zweiten Station und erst recht in der dritten seien ihm manche Gesichter unter den Studierenden bekannt vorgekommen, obwohl er doch vorher keine Verbindung zu den Psychologen hatte, und schließlich sei ihm klar geworden, dass es großenteils die gleichen Leute waren, die an den drei Stellen für Überfüllung sorgten. Sie hatten die Truppe der Kontrolleure zweimal überholt; deshalb auch die Vielzahl der jeweils an der Hauswand abgestellten Fahrräder.

Diese Aktion fand Mitte der 1950er Jahre statt. Zur gleichen Zeit kam es in unserem Institut im Tübinger Schloss zu einem Raumkonflikt, den man mit der Inszenierung von Bevölkerungsüberschuss nicht hätte beilegen können. Das Institut war – ich füge ein: merkwürdigerweise – im vollen räumlichen Umfang erhalten geblieben, vor allem wohl dank der Bemühungen des Germanisten Hermann Schneider, der dort regelmäßig seine (altgermanistischen) Seminare hielt und auch das ebenfalls erhalten gebliebene Sekretariat beanspruchte. Schließlich wurden aber doch einige Räume einer anderen Nutzung zugeführt. Als 1953 ein Institut für Osteuropäische Geschichte gegründet wurde, begann dieses seine Arbeit im Schloss. Es erhielt wenige Arbeitsräume in der oberen Etage des Haspelturms, wo die Zimmer um einen größeren Freiplatz gelagert sind, in dem Haus- und Siedlungsmodelle aus der volkskundlichen Werkstatt der NS-Zeit ausgestellt waren. Es hatte verschiedentlich Diskussionen gegeben, ob diese Modelle nicht entfernt werden sollten, da sie zwar handwerklich sauber gearbeitet, aber als Demonstrationsobjekte für die germanische Überlegenheit und die daraus abgeleiteten imperialistischen Ansprüche geschaffen waren. Insofern boten sie aber gutes Anschauungsmaterial für die nationalsozialistische Ausrichtung, und deshalb entschied man sich vorläufig für die Erhaltung der Stücke. Das neu einquartierte Institut, das die kleine Schausammlung nur als unnötige räumliche Einschränkung sah, revidierte diese Entscheidung jedoch in einem dubiosen Handstreich.

Wir waren auf einer mehrtägigen Exkursion; mein den Osteuropaforschern benachbartes Zimmer war ebenso verwaist wie die anderen bei unserem Institut verbliebenen Räume. Am ersten Tag nach der Rückkehr von der Lehrfahrt überraschte mich eine völlig unerwartete Veränderung: Die an den Wänden befestigten großen Giebelmodelle waren verschwunden, und an ihre Stelle waren ein paar Regale gerückt, gefüllt mit wissenschaftlichen Büchern und mit gebundenen Zeitungsbänden aus den östlichen Ländern. Ich war empört, und ich setzte sofort ein geharnischtes Protestschreiben auf, gerichtet an den für die Aktion verantwortlichen Direktor des Gastinstituts und zur Information weitergeleitet an das Rektoramt und die Fakultät. Bei der Charakterisierung der Untat gab ich jede Zurückhaltung auf und benützte aggressive Vokabeln, gefolgt von der Feststellung, es sei mir klar, dass mein Schreiben vermutlich einen weiteren Weg an der Uni für mich unmöglich mache; aber ich wolle auch nicht auf längere Sicht einer Institution angehören, in der so etwas passieren könne.

Wahrscheinlich trug zu dieser scharfen Reaktion eine andere Erfahrung bei, die ich um die gleiche Zeit machte. Es gab ja nicht nur den Streit um Arbeitsräume, sondern auch Auseinandersetzungen um weitere Aktionsräume und die Besetzung von Forschungsfeldern. Ein mit Dialektaufnahmen betrauter Student berichtete mir, dass einer der von ihm in Heidenheim interviewten Donauschwaben Bruchstücke eines Märchens vorgetragen und darauf hingewiesen habe, dass sein Onkel im Nachbarort Königsbronn die ganzen Geschichten erzählen könne. Das war ein wichtiger Hinweis, weil das lebendige Märchenerzählen in der einheimischen Bevölkerung so gut wie ausgestorben war, während die Zuwanderer aus dem südöstlichen Europa noch lebendige Erzähltraditionen erlebt hatten. Da ich mich mit dem mündlichen Erzählen (nicht nur von Märchen) in meiner Dissertation befasst hatte, schulterte ich das damals noch unförmige Aufnahmegerät, fuhr mit dem

Fahrrad zu jenem Onkel und erlebte zu meiner Überraschung, wie der Mann sich vom Aufbau des Mikrophons in keiner Weise stören ließ und, als der Anschluss hergestellt war, ohne jede Vorbemerkung eine Geschichte – halb Märchen, halb Legende – vortrug und mit weiteren Erzählungen fortfuhr, bis meine wenigen Tonbänder voll waren. Ich bedankte mich und bat um ein weiteres Treffen, für das wir den Herbst vereinbarten; jetzt im Sommer habe er zu viel im Garten zu tun – in dem ich übrigens zum ersten Mal Paprikapflanzen sah.

Ich fuhr zurück und sandte, zusammen mit einer Liste aller aufgenommenen Geschichten, eines der Bänder an einen Professor in Marburg, der auf Märchenforschung spezialisiert war und ein Zentralarchiv der deutschen Volkserzählung aufgebaut hatte. Meine Frage, wie er eine Fortsetzung des Unternehmens beurteile, beantwortete er mit einer Postkarte: Die Aufnahmen, deren technische Qualität zu wünschen übrig lasse (was richtig war) enthielten nur allgemein bekanntes Material in dürftiger Form; ein weiteres Engagement lohne sich nicht.

Ich respektierte diese Expertenmeinung, wollte aber den erneuten Besuch bei dem Erzähler nicht absagen und freute mich auch auf seine Geschichten, mochten sie nun für die Forschung interessant sein oder auch nicht. Im Herbst fuhr ich erneut nach Königsbronn. Ich wurde freundlich empfangen, und ich bat zunächst um die Erzählung, von der ich beim ersten Besuch nur noch den Anfang hatte aufnehmen können. Diesmal zögerte der Erzähler: er habe die Geschichte doch dem Herrn

Professor erzählt. Ich wehrte mich gegen die vermeintlich mir geltende Anrede *Professor*, er sagte dazu nichts und begann zu erzählen, und ich war zufrieden. Aber die Frage nach weiteren Geschichten löste wieder die Antwort aus, er habe dem Herrn Professor doch *alle* seine Geschichten erzählt. Wir redeten eine ganze Zeitlang aneinander vorbei, bis ich endlich begriff und auf Nachfrage erfuhr, dass *der Herr Professor* aus Marburg fast 14 Tage Urlaub im Ort verbracht und viele Tonaufnahmen gemacht hatte. Einige Monate später erschien ein stattlicher Band, der ausschließlich den Erzählungen und der Erzählkunst jenes ungarndeutschen Erzählers gewidmet war.

Ich nahm aus dieser Erfahrung mit, dass hierarchische Strukturen, wie sie zu jener Zeit noch stärker im Aufbau der Universität verankert waren, moralische Erwartungen und Prinzipien leicht durchkreuzen konnten. Dass aber, umgekehrt, durch Machtstellung gedeckte Willkürakte auch in Frage gestellt und revidiert werden können, erlebte ich ausgerechnet im Zusammenhang mit der Beseitigung der Hausgiebelmodelle in unserem Institut. Der von mir attackierte Chef des Osteuropainstituts entschuldigte sich – ich wollte hier anmerken: *in aller Form*; aber es war nicht nur ein formaler Akt, sondern die Herstellung eines verbindlich-freundlichen Kontakts. Wir berieten über Kompromisse, die dadurch erleichtert wurden, dass es ja auch von unserem Institut bereits Überlegungen zur Aussonderung der Modelle gegeben hatte. Es hat sicher nicht allen Besuchern gefallen, dass anstelle der Fassaden wehrhafter germanischer Häuser jetzt Bände mit

Exemplaren der russischen *Prawda* zu finden waren. Aber die Verständigung war nicht nur einseitig. Kleinere räumliche Einbußen unseres Instituts wurden korrigiert. Und vor allem wurde die gegenwartsbezogene historische Forschung in beiden Instituten zur Brücke. Professor Werner Markert, vorher Generalsekretär der Deutschen Gesellschaft zum Studium Osteuropas und jetzt Chef in Tübingen, setzte sich ernsthaft mit unseren Arbeiten auseinander, und als wir – Ergebnis eines umfangreichen Forschungsprojekts – eine Studie zum Einleben der Heimatvertriebenen im neuen gesellschaftlichen Umfeld publizierten, war er geradezu zum Fan unserer Arbeit geworden. Ich profitierte davon insofern, als er sich in der Fakultät besonders nachdrücklich für meine Ernennung zum Professor und zum Institutsleiter einsetzte – wobei es sich um eine damals nicht ausgeschlossene, aber als Problem gesehene Hausberufung handelte.

Formfragen

Bei historischen Betrachtungen – professionellen so gut wie populären – ist die Versuchung groß, einheitliche oder doch dominierende Tendenzen herauszuarbeiten, und damit auch Höhe- und Wendepunkte festzulegen, an denen sich neue Standards durchsetzten. Das gilt für den Ausblick auf weit entfernte Epochen, aber auch für Perspektiven auf die erst nach dem Zweiten Weltkrieg als eigenes Forschungsfeld etablierte Zeitgeschichte. Sie wurde definiert als *Geschichte der Mitlebenden* – was deutlich macht, dass sich der anvisierte Zeitraum ständig verschiebt. Die unmittelbare Nachkriegszeit gehört aber noch dazu, und sie bietet ein gutes Beispiel für die pointierende Blickweise. Danach waren zwei Jahrzehnte charakterisiert durch die Rückkehr zu konservativen Lebensformen und ihre Fortführung, während sich Ende der 1960er Jahre gegenläufige Prinzipien entwickelten und mehr oder weniger schlagartig einen neuen Lebensstil zur Geltung brachten. Zumindest für den akademischen Bereich gilt meist 1968 als Datum der Umkehr: vor 1968 ein enges und oft ängstliches Verharren in bewährten – und unterstellt: bewährten – Ausdrucksformen, danach Problematisierung und Überwindung alter Normen und Formen, die man als überholt betrachtete. Paradebeispiel: *Unter den*

Talaren Muff von tausend Jahren – durchlüftet und beseitigt in den 68er-Attacken.

Exponenten der 68er-Bewegung betonen im Rückblick oft, dass sie schon sehr viel früher neue Wege gingen, und manchmal stilisieren sie dies als hellsichtige Vision und als Ausnahme. Das mag richtig sein; aber ganz generell dürfte das geläufige Bild einer steifen und reaktionären Gesellschaft für jene Phase vor 68 allzu einseitig sein. Was Norbert Elias generell zu modernen Gesellschaften angemerkt hat: ihr *Kanon des Verhaltens und Empfindens* sei *nicht aus einem Guss*, gilt auch hier, und es dürfte angemessen sein, mit dem Vorhandensein von zwei gegensätzlichen Strömungen und Tendenzen zu rechnen.

Es gab auf der einen Seite die Betonung der Notwendigkeit eines festen Rahmens und dementsprechend die ausdrückliche Anerkennung oder fraglose Akzeptanz herkömmlicher Einstellungen und Handlungsformen, wobei meist ausgeblendet blieb, dass diese sich in der Vorkriegs- und Kriegszeit verfestigt hatten. Andererseits aber zeigte sich ein lockerer und freier Umgang mit Traditionen und die Lösung aus alten Verbindlichkeiten. Das größere Gewicht lag infolge der gegebenen Machtverhältnisse und der Einflussmöglichkeiten im öffentlichen Raum auf der konservativen Seite. In den Universitäten war der Akzent in den einzelnen Fachrichtungen verschieden. Während sich in den Geisteswissenschaften neue Umgangsformen leichter ausbreiteten, wurden alte Vorschriften und Rituale in medizinischen und juristischen Fakultäten seltener in Frage gestellt. Außer den hier strikter durchorganisierten

Studiengängen dürfte dafür auch die vorherrschende Rekrutierung der dort Studierenden aus gehobenen Milieus verantwortlich gewesen sein.

Während meiner Studienzeit gab es aber durchaus auch noch Seminare in der Philosophischen Fakultät, in denen sich die Teilnehmer erhoben beim Eintritt des Professors, dem der Assistent mit der Mappe des Chefs und dem einschlägigen Büchermaterial folgte – und erst nach der Weisung des Professors wurden die Sitzplätze wieder eingenommen. Aber es gab bald auch andere Seminare, teilweise dem forschenden Lernen gewidmet, das allein schon eine größere Gemeinsamkeit zwischen Lehrer und Schülern herstellte und einen entsprechenden Umgangston nahelegte. In solchen Konstellationen war die Anrede mit dem Titel Professor oder Doktor zwar keineswegs verschwunden, aber nicht mehr unbedingt geboten, und zwischen den Studierenden löste mitunter das Du als Anrede das förmlichere Gespräch zwischen Fräulein X und Herrn Y ab. Anders als in der 68er-Zeit war das Du nicht zu einer sozialen Botschaft überhöht; aber man *machte* Du auch nicht mehr nur in einem förmlichen Akt, sondern gewöhnte sich an den lässigeren Kontakt und nahm ihn bald als selbstverständlich.

Besondere Bedeutung hatte das Du für die Bundesbrüder, als Ausdruck der *Verbindung*, die bezeichnenderweise auch in den übergreifenden Namen der Vereinigungen eingegangen ist: *akademische Verbindungen*. Die weniger förmliche Anrede unterstrich dabei nicht nur Gemeinsamkeit der Orientierung und Gesinnung, sondern auch die Distanz nach außen. Dass in den Verbindungen die Nachfrage und der Nachschub groß blieben, hing mit familiären Traditionen zusammen; die neuen jungen Mitglieder trafen bei Stiftungsfesten vielfach auf ihre Väter, die zu den *Alten Herren* gehörten. Aber auch praktische Vorzüge spielten eine Rolle. Die Verbindungshäuser boten Wohnraum und manchmal Mahlzeiten, sie verhalfen zu Kontakten mit Fachkollegen und vermittelten lukrative Ferienjobs, aber auch Freizeitaktivitäten. Die Ausrichtung war allerdings nicht einheitlich: Neben den *schlagenden Verbindungen* der *Burschenschaften* gab es Vereinigungen, in denen musische, sportliche und auch wissenschaftliche Aktivitäten prägend waren.

Von außen wurden die Verbindungen meist über einen Kamm geschert und galten, wofür fast immer spektakuläre Belege zur Verfügung standen, als reaktionäre Seilschaften. Die als pfiffige Propaganda gedachten Plakate mit dem Kopf von Karl Marx und der sachlich korrekten, aber historisch blinden Werbung „*Auch Marx war korporiert*", die Ende der 1960er Jahre ausgehängt waren, hatten wenig Wirkung; man wusste, dass ein Teil der Korporationen im 19. Jahrhundert kritische und fortschrittliche Positionen vertreten hatte und erst später die reaktionären Tendenzen aufnahm, zu denen die Universität jetzt offiziell auf Distanz ging und von denen sich ein größerer Teil der Studentenschaft absetzte.

Schon in den 1950er Jahren waren Freundeskreise entstanden, für welche die Abkehr von den Ritualen der Verbindungen selbstverständlich war. Als ironische Pointe könnte man freilich registrieren, dass dabei ähnliche Voraussetzungen maßgebend waren wie bei der einstigen Gründung der alten Verbindungen: landsmannschaftliche Nähe und gemeinsame Interessen, nicht nur fachlicher Art, sondern auch im Freizeitbereich, und außerdem – mit zunehmender Bedeutung – politische Akzente. Eine wichtige Rolle bei der Abkehr von den Verbindungen spielte auch die Tatsache, dass diese nicht nur einen männlich kraftvollen Stil – oft mit dem Gradmesser Alkoholkonsum – demonstrierten, sondern Studentinnen von der Mitgliedschaft, wenn auch nicht von irgendwelchen Festivitäten, grundsätzlich ausschlossen. Das war in den neu entstehenden Gruppierungen anders; sie bildeten, auch wenn dieser Aspekt kaum einmal herausgestellt wurde, kleine Agenturen der Emanzipation.

Ganz allgemein kamen viele Verschiebungen im vorherrschenden Lebensstil eher beiläufig, ohne begleitende Reflexionen und ohne demonstrative Positionierungen zustande. Die Einstellungen zur Kleidung und der praktische Umgang damit bieten ein gutes Beispiel dafür. Die verbreitete Vorstellung, dass sich in der 68er-Phase schlagartig lässigere Formen der Kleidung durchsetzten, wurde schon früh in Frage gestellt anhand von Fotos, auf denen wichtige Protagonisten der studentischen Revolte in dunklen Anzügen und manchmal mit Krawatte agieren. Allerdings arbeitete diese manchmal als Enthüllung gefeierte Beobachtung der Annahme zu, im akademischen Alltag habe bis zu der Umbruchzeit grundsätzlich gediegene Kleidung das Bild bestimmt. Tatsächlich entstand diese Annahme vor allem als Kontrastbild zu den Lockerungen der Wendezeit, als zunächst Provokationen wie die ausgestellte

Nacktheit revolutionärer Gruppen Aufmerksamkeit erregten, und als sich relativ rasch eine bunte, bald modisch genormte Lockerheit ausbreitete – vor allem mit Jeans in vielen Variationen, und bei den Frauen mit Maxi, Mini und verschiedenen Formen der schnell selbstverständlich werdenden Hosenanzüge.

Aufs Ganze gesehen war das Bild schon vor 1968 bunter und großenteils charakterisiert durch einfache Formen und lockere Normen der Bekleidung. Das ergab sich zunächst aus dem Mangel an guten Stücken, der zumindest die unmittelbare Nachkriegszeit charakterisierte, wurde aber auch zum Ausdruck zunehmender Informalisierung – schlichter ausgedrückt: einer lässigen und mitunter nachlässigen Haltung, die nicht eigens mit konkreter Kritik an irgendwelchen Vorschriften oder propagierten Normen verbunden sein musste.

Mir kommt dabei ein eigenes Erlebnis in den Sinn. Als ich im Jahr 1952 nach der Promotion die Mitteilung erhielt, meine Doktor-Urkunde liege in der Fakultät bereit, vereinbarte ich mit der Sekretärin einen Termin und ging an dem Sommernachmittag zur Neuen Aula – in kurzen Hosen, mit einem Sporthemd und barfuß in Sandalen. Den vernichtenden Blick der Sekretärin vergesse ich nicht, und ich habe auch noch das Bild des amtierenden Dekans vor mir, der die Urkunde überreichte. Er sah demonstrativ weg über den Verstoß gegen die akademischen – und weiter gefasst: die gesellschaftlichen – Sitten, hatte dabei aber spürbar während der ganzen Prozedur nur meine Aufmachung im Blick. Ich denke an diese Episode zurück als Peinlichkeit. Mein Auftritt war ja nicht als rebellischer Affront geplant, sondern entsprang naiver Ignoranz – wie Vieles, das später als gezielte Frontstellung gegen den herrschenden Comment interpretiert wurde.

Es gab freilich auch Konstellationen, in denen bewusst Widerstand geleistet wurde gegen Vorschriften und Forderungen, die man als überholt und als nicht gerechtfertigte Zumutung empfand. Als nach dem abgeschlossenen Studium die Referendarzeit begann, saßen wir erwartungsvoll im Saal eines der Tübinger Gymnasien, bis mit leichter Verspätung der künftige Chef erschien – und zwar auf einer Tragbahre, die von vier Sanitätern wie eine Sänfte transportiert und auf einem langen Tisch abgestellt wurde. Wir sahen, dass bei unserem künftigen Vorgesetzten ein Bein bis über das Knie eingegipst war. *Schi-Unfall* raunte man sich zu, und der bis dahin unbekannte Leiter des Studienseminars bestätigte dies in seiner Begrüßung, wobei er seinem ungewöhnlichen Auftritt auch gleich die Moral hinterherschickte: Es gebe auf dem von uns eingeschlagenen Berufsweg immer wieder Schwierigkeiten und Hindernisse, deren Überwindung aber Kraft für die weitere Strecke frei setze.

Asketische Pflichterfüllung beschwor er nicht nur als Ideal, sondern zog daraus praktische Konsequenzen, indem er sich gegen die Entlohnung während der Referendarzeit aussprach – mit dem Argument, es handle sich ja doch um eine Lehrzeit, für die man eigentlich bezahlen sollte, und ohne Rücksicht auf die Frauen und Männer, die zum Teil bereits den Unterhalt für ihre Familien aufbringen mussten. Dass Referendarinnen und Referendare immer wieder Vertretungen übernahmen, schien keiner Erwähnung wert; und ebenso die Tatsache, dass es sich bei der Entlohnung nur um eine Art dürftiger Anerkennungsgebühr handelte. Das moralisch unterfütterte autoritäre Gebaren des Chefs, das seine ausgesprochen einfallsreichen didaktischen Empfehlungen begleitete, löste ironische Kritik, offenen Widerspruch und auch praktische Gegenaktionen aus – ein Beispiel unter vielen für die fortschreitende Problematisierung extremer Abhängigkeiten.

Der Versuch konsequenter Disziplinierung ging nicht nur von einzelnen Amtspersonen und Funktionsträgern aus, sondern hatte seinen Rückhalt und oft auch seine Akteure in weiten Teilen der Bevölkerung. Studenten auf Zimmersuche in Tübingen hörten von den künftigen Vermieterinnen und Vermietern fast immer die verbindliche Mahnung: *Aber kein Damenbesuch!* Dass ich die männliche Variante wähle, hängt mit dem inzwischen nur noch schwer vorstellbaren Sachverhalt zusammen, dass die Studenten in fast allen Fächern die große Mehrheit bildeten; aber es gab natürlich auch die noch nachdrücklicheren Warnungen vor Herrenbesuch für die Studentinnen.

Vermutlich hatte die protestantisch-puritanische Tradition in Tübingen einen besonders guten Nährboden; jedenfalls gab es in erotischen Dingen strikte Vorgaben und entsprechend eifrige Kontrollen und harte Maßregelungen. Anfang der 1960er Jahre bat mich ein schon etwas älterer Student, dem wegen seiner Homosexualität das Studium verweigert worden war, um eine Intervention. Ich wandte mich an einen hohen Beamten der Uni-Verwaltung, den ich, auch wegen mancher unkonventionellen Hilfeleistungen, sehr schätzte. Aber in diesem Fall kam es zu einer krassen Bewertung: Wenn es sich um Diebstahl oder Betrug oder irgendetwas anderes handeln würde, darüber könnte man reden – *aber dees!* Damit war die Diskussion beendet. Tübingen war jedoch auch beteiligt an der Revision der offiziellen Bestimmungen in diesem Bereich; die Abschaffung und Änderung der betreffenden Paragraphen wurde mit eingeleitet von dem Tübinger Juristen Jürgen Baumann.

Und wie war das nun mit den Talaren? Als ich Professor wurde, belehrte mich die Fakultätssekretärin, dass ich jetzt einen Talar tragen dürfe; ich müsste ihn allerdings kaufen, da die Fakultät nur zwei Leihexemplare besitze, die bei feierlichen Gelegenheiten dem Dekan und dem Prodekan zur Verfügung stünden. Solche Gelegenheiten gab es ausgesprochen selten, sodass – in einem gewissen Gegensatz zu anderen Fakultäten – Talare praktisch keine Rolle spielten. Ich habe zwar später einmal einen Talar getragen, im Leichtathletikstadion von Eugene in Oregon, wo die Absolventen gefeiert wurden – aber nie in Tübingen, auch nicht als Dekan.

Allerdings hatte ich in dieser Zeit mit einer recht speziellen Talargeschichte zu tun. Ein Professor, dessen zentrales Forschungsgebiet die Philologie des christlichen Orients war, hatte dieses Fach an der Universität Halle vertreten, wo seit einiger Zeit jährlich mit einer Gedächtnisvorlesung an ihn erinnert wird. Er hatte aber 1963 eine Ägyptenreise genutzt, die DDR zu verlassen, und war in Tübingen aufgenommen worden. Für eine volle Professur gab es keine Planstelle, und sie konnte angesichts der minimalen Schülerzahl auch nicht eingeworben werden – als der Forscher später mit Rücksicht auf ein beantragtes Forschungssemester gefragt wurde, wer sich dann um seine Schüler kümmere, war die Antwort: Zufällig habe sich ein glücklicher Umstand ergeben, sein Schüler (Singular!) gehe für ein Semester nach München. Der Ausweg war eine außerplanmäßige Professur, wie sie oft von ausgezeichneten Forschern bekleidet wurde, denen aber nicht die gleichen Rechte eingeräumt waren wie den ordentlichen und außerordentlichen Professoren. Zwischen diesen herrschte oft ein Spannungsverhältnis – Herablassung von der einen und Gefühl der Missachtung auf der anderen Seite –, während die außerplanmäßigen Professoren meist abseits von solchen Rivalitäten angesiedelt waren und sich mit ihren geringeren Rechten abfanden.

Anspruch aufs Tragen eines Talars hatten sie nicht. Aber eines Tages erschien jener Tübinger Kollege im Dekanat und bat just um diese Möglichkeit. Er war im Begriff, zu einem größeren Kongress nach Kairo zu fahren, bei dem Theologen und Philologen zusammenkamen, um über Geschichte und Kultur der Kopten, einer christlich-orientalischen Gruppe, zu diskutieren. Unser Koptologe betonte, wie wichtig für diese Minderheit die Selbstvergewisserung über Traditionen und Rituale sei, und dazu gehöre auch festliche Kleidung. Ich zögerte nicht, dem außerplanmäßigen Professor die außerplanmäßige Chance zu geben, mit einem der Fakultätstalare nach Ägypten zu reisen, und wurde bestätigt durch das dankbare Glücksgefühl, mit dem er den Talar zurückbrachte. Die Leute, so berichtete der Orientalist von seiner Reise, seien von der ehrwürdigen Ausstattung so beeindruckt gewesen, dass manche sich herabbeugten und den Saum des Gewandes küssten. Sie hielten ihn, so fügte er gerührt und stolz hinzu, wohl für einen Bischof.

Perspektivwechsel

Im Herbst 1960 erhielt ich einen Anruf aus dem Rektorat: Die Urkunde der Ernennung zum Professor liege jetzt vor, am Nachmittag sei Seine Magnifizenz da, sodass ich sie abholen könne. Ich machte mich auf den Weg, diesmal in ordentlicher Aufmachung, und die Sekretärin brachte mich gleich ins Zimmer des Rektors, eines angesehenen Juristen, dessen Renommee schon daraus sichtbar wird, dass er fast 30 Jahre Mitglied des Staatsgerichtshofs Baden-Württemberg war. Er begrüßte mich freundlich, bot mir einen Platz an und eröffnete das Gespräch mit einem kurzen Glückwunsch und einer ziemlich langen Stellungnahme. Er habe, das wolle er ganz offen sagen, die Debatten um die Besetzung des neuen Ordinariats mit einiger Skepsis verfolgt und hätte sich eigentlich eine andere Lösung gewünscht. Ich sei ja die ganze Zeit in Tübingen gewesen und sei in der Fakultät habilitiert worden, der ich jetzt als Mitglied angehöre. Er sah darin ein problematisches Ergebnis – es sei einfach besser, sich zunächst einmal in verschiedenen Gegenden den Wind um die Ohren wehen zu lassen. Den Beweis dafür lieferte er anhand seines eigenen Wegs, der zwar außer einem Studienaufenthalt in Genf nicht ins Ausland führte, aber schon während des Studiums an verschiedene deutsche Universitäten: Freiburg, Berlin, Königsberg, München; und die berufliche Karriere ergab neue Aufenthalte und Bezugspunkte, praktische Tätigkeiten in Marburg, im pommerischen Stolp, in Koblenz, danach Forschung und Lehre in Heidelberg, Erlangen und endlich Tübingen.

Ich gestehe, dass ich all diese Stationen nicht im Gedächtnis behalten habe, dass ich sie jetzt vielmehr rekonstruieren musste – aber durchaus in Erinnerung ist mir geblieben, dass mir mit diesem eindrucksvollen Bericht einer biographischen Wanderschaft ein scharfer rhetorischer Wind um die Ohren wehte. Ich sortierte während der langen Tour mögliche Gegenargumente; schließlich erschwerten die äußeren Bedingungen in den Nachkriegsjahren einen Wechsel des Studienplatzes, den man aber auch deshalb nicht unbedingt anstrebte, weil Tübingen in den meisten Fächern mehr bot als andere Universitäten, und nach dem Studium hatte ich als Assistent in vielen Bereichen die alleinige Verantwortung für ein ganzes Institut. Aber ich bekam keine Chance, dies vorzutragen; der Rektor übergab mir die Urkunde und schloss, was er offensichtlich überwiegend als Pflichtaufgabe betrachtete, ziemlich abrupt ab. Bedrohlich war der Vorgang nicht; schließlich ist der Verzicht auf einen Ortswechsel kein disziplinarrechtlicher Verstoß; aber das Gespräch – falls man es so bezeichnen kann – ging mir nach, auch deshalb, weil die Argumentation des Rektors ja durchaus diskutabel war.

Deshalb rechnete ich mit einer zusätzlichen Variante, als ich zu meinem Erstaunen schon kurze Zeit später –

es dürften wenig mehr als 14 Tage gewesen sein – erneut ins Rektorat einbestellt wurde. Die einleitenden Bemerkungen des Rektors schienen meine Vermutung zu bestätigen. Die Universität, sagte er, sei ja bemüht, die besten Lehrkräfte aus dem ganzen Bundesgebiet zusammenzuführen. Aber dann folgte eine unerwartete Wendung. Glücklicherweise komme es auch vor, dass einmal Professoren aus der engeren Umgebung berufen werden. Ich glaube mich genau zu erinnern, dass er *glücklicherweise* sagte, und eloquent legte er dar, worin das Glück bestand: Das seien dann Kollegen, die Land und Leute kennen, ja die eigentlich direkt dazu gehören und sich den Menschen in ihrem Umfeld verständlich machen können. Und ich sei ja – *glücklicherweise!* – ein solcher Fall, und man habe mich deshalb ausgewählt für eine besondere Funktion. Ich solle Erster Vorsitzender des Tübinger *Studentenwerks* werden. Diese Einrichtung sei zwar als privater Verein eingetragen, aber ich könne mit der vollen Unterstützung der Universität rechnen, und es gebe sowohl einen Geschäftsführer wie in wirtschaftlichen Fragen kompetente Mitglieder im erweiterten Vorstand.

Obwohl die Schilderung auf das gemütliche Bild eines gelegentlichen Repräsentanten zulief, ahnte ich Schlimmes, aber die tatsächlichen Anforderungen gingen über meine Erwartungen noch hinaus. Die verwaltungsrechtliche Organisation war so kompliziert, dass ich alle Mensaeinkäufe per Unterschrift in die Wege leiten und nachher bestätigen musste; und andererseits gab es neben solchen bürokratischen Pflichten Probleme, die sehr persönliche Sondierungen und Entscheidungen verlangten. Dazu gehörte beispielsweise die Entlassung des Hausmeisters eines studentischen Wohnheims, der sich tagsüber auf die Beobachtung von Besuchen konzentrierte und auf Liebesbegegnungen hoffte, die er mit Hilfe seines Generalschlüssels direkt in Augenschein nahm. Mein Job war also nicht nur monoton, und ich habe gewiss dabei Vieles gelernt, aber er kostete mich fast jeden Tag einige Stunden.

Ich war dem Rektor einigermaßen gram, obwohl er ja nur die Vermittlung übernommen hatte. Dabei spielte neben der mit der Leitungsfunktion kassierten zeitlichen Belastung die Vorgeschichte eine wichtige Rolle. Der Rektor lag mit seinen beiden Einschätzungen ja nicht daneben; weiträumige Orientierung kann ebenso ein Vorteil sein wie der vertraute Umgang mit der Nähe. Aber dass er das Gegensätzliche seiner Stellungnahmen gar nicht registrierte und seine Meinung grenzgenau auf den jeweiligen Bedarf bezog, erschien mir doch als allzu unpersönlicher Pragmatismus.

Dass der zusätzliche Auftrag die Anfangsphase meines Professorendaseins bestimmte, ist sicher ein Grund dafür, dass ich noch immer gelegentlich daran denke. Aber vielleicht hat dies auch damit zu tun, dass ich ein weiteres Erlebnis im gleichen virtuellen Erinnerungsordner abgelegt habe. Es betrifft nicht den damaligen Rektor, sondern seine Frau; es kommt also das leider ziemlich alltägliche Denkmuster der Sippenhaft oder -haftung ins Spiel. Bei irgendeiner Veranstaltung kam es zu einer Begegnung mit dem Rektor und seiner Frau, der er mich vorstellte. Sie sah mich vorwurfsvoll an und sagte: *Ach, Sie sind doch der Professor, der seine Müllei-*

mer in unserer Nachbarschaft mit seinem Titel bemalt hat: *Prof. B.* Ich war zunächst sprachlos, konnte die kleine Attacke aber leicht mit dem Hinweis abwehren, dass ich nie in der besagten Nachbarschaft wohnte, und der Rektor kam mir zu Hilfe, indem er seiner Frau den tatsächlichen Müllmaler nannte.

Damit war die Geschichte für mich erledigt; sie fiel mir aber ein, als ich nach einiger Zeit erneut mit der Frau des – inzwischen ehemaligen – Rektors zusammentraf. Da die erste Begegnung lange zurücklag, nannte ich bei der Begrüßung meinen Namen, worauf die freundliche Erwiderung kam, wir hätten uns ja schon gesprochen, und sie habe das nicht vergessen, zumal ich ja der Kollege sei, der auf seinen Mülleimern *Prof. B.* stehen habe. Ich weiß nicht mehr, wie ich reagiert habe; ich meine, ich sei einfach stumm geblieben. Aber ich habe mich in der Folge oft gefragt, warum jene Beschriftungsaktion, die auch ich kurios fand, für die Dame so wichtig war, dass sie zweimal den vermeintlichen Täter ansprach. Ich habe das psychologische Rätsel nicht gelöst, habe mir aber eine Szene ausgedacht, die als Erklärung dienen könnte:

Bei einer ihrer gesellschaftlichen Verpflichtungen trifft die Frau des Rektors auf einen ihr bis dahin unbekannten Fachkollegen ihres Mannes mit seiner Frau, der kurze Zeit vorher in ihrer Nachbarschaft eingezogen ist. Man stellt sich vor, und als sie ihren Namen nennt, fährt es dem zugezogenen Kollegen heraus: *Ach, Sie sind das – Ihre Mülleimer sind ja mit dem Professorentitel versehen.* Auch zum Rektor passte die Abkürzung *Prof. B.* und bot so eine Einladung zu Missverständnissen. Aber noch einmal: Diese letzte Wendung der Geschichte ist von mir erfunden – im Gegensatz zu den vorher geschilderten Erlebnissen.

Berufungen

Wenn an der Universität über Berufungen gesprochen wird, schwingt oft ein feierlicher Begleitton mit. Eine Professur, so kann man manchmal hören oder lesen, setze innere Berufung voraus und sei nicht einfach die Übernahme einer beruflichen Position. Das ist die gängige Überhöhung der Tatsache, dass die Ernennung zum Professor in einer akademischen Laufbahn nicht nur eine beliebige Stufe des Aufstiegs ist, sondern ein entscheidender Schritt – auf Dauer gestellt und mit beträchtlichen Vorteilen ausgestattet. Auf eine Assistentenstelle wird man ja nicht berufen, sondern nur auf eine Professur.

Aber nicht nur für die Berufenen handelt es sich um eine wichtige Entscheidung, sondern auch für das betroffene Fach. Für die künftige kollegiale Zusammenarbeit wird hier der Grund gelegt, und über die Personalentscheidung wird auch eine Strukturentscheidung getroffen. Im Auswahlverfahren spielt es eine wichtige Rolle, welches Feld die Kandidatinnen oder Kandidaten beackern und welche Richtung sie vertreten. Dies gilt generell und ist ein wichtiger Aspekt geblieben, auch nachdem für die Besetzung von Lehrstühlen schon lange ein Bewerbungsverfahren vorgeschrieben ist. Vorher war es die Aufgabe einer Berufungskommission und der zuständigen Fakultät, geeignete Kandidaten ausfindig zu machen und die Rangfolge zu bestimmen. Über die Auswahl entschieden also von Anfang an Gremien, in denen etablierte Ordinarien dominierten; allerdings handelte es sich nur um ein Vorschlagsrecht, an dem das Ministerium noch drehen konnte.

Diese Entscheidungsstruktur machte es verständlich, dass meistens auf die Erhaltung von Schwerpunkten besonders Wert gelegt wurde und dass neue Tendenzen einer kritischen und oft skeptischen Prüfung unterzogen wurden. Die praktische Folge war, dass der Blick zunächst auf Professoren fiel, die sich mit ihren Arbeiten bereits profiliert hatten – zumal man auch darauf bedacht war, auf jeden Fall das Niveau zu halten, das in den Tübinger Fachabteilungen in der Regel sehr hoch war. Entsprechend groß war die Anstrengung, besonders renommierte Forscher zu gewinnen – nicht nur in den offiziellen Verhandlungen, in denen es um die Verbesserung der Ressourcen im Fach, aber auch um das Gehalt der Berufenen ging, sondern ebenso im informellen Bereich, wo die in Tübingen tätigen eventuellen künftigen Kollegen ihr Interesse und Entgegenkommen demonstrierten.

Als der hoch angesehene Altgermanist Hugo Kuhn einen Ruf nach Tübingen erhalten hatte und zu Verhandlungen anreiste, arrangierte der ebenso angesehene und freundlich optimistische Tübinger Fachvertreter Wolfgang Mohr ein Abendessen, bei dem er und die mit eingeladenen Kollegen Vorzüge Tübingens vermitteln sollten, die für Kuhn allerdings wenig Neues boten, da er vor seiner Abwanderung nach München einige Jahre hier gelehrt hatte. Der Neugermanist Richard Brinkmann, der schon mehrere Rufe abgelehnt hatte, rechnete vor, wieviel Zeit man in der kleinen Universitätsstadt einspare, weil alle wichtigen Einrichtungen schnell erreichbar sind, und Wolfgang Mohr ergänzte mit Erfahrungen aus dem privaten Bereich. Er wohnte in einem der einfachen, aber gefälligen und praktischen Holzhäuser, die bald nach Kriegsende zur Verfügung von Wissenschaftlern der Universität in der Mörikestraße gebaut wurden, ein kleines Ensemble, für das die freundlich-ironische Bezeichnung *Intelligenzkolchose* im Umlauf war. Man habe hier die Möglichkeit, sagte Mohr, wissenschaftliche Ergebnisse verschiedener Disziplinen gewissermaßen Tag und Nacht aus erster Hand zu erfahren. Und man treffe ständig auf Kollegen, die auf ihrem Weg von den etwas höher gelegenen Wohnplätzen in die Stadt vorbeikämen; eine Uhr brauche man übrigens auch nicht, denn wenn Eschenburg den Berg herunterkomme und den Garten passiere, sei es garantiert 8.45 Uhr. Die Richtigkeit dieser Angaben hätte ich bestätigen können, denn ich wohnte mit meiner Familie mitten in der besagten Häuserreihe – mit Musikwissenschaft und Altgermanistik (Mohr!) hangaufwärts, Indogermanistik und Neuerer Geschichte hangabwärts. Aber ich schwieg, da ich die Wirkung dieses Lobs der Überschaubarkeit anders einschätzte – und ich bin noch immer der Meinung, dass Hugo Kuhn in dieser Phase des Gesprächs zu seinem endgültigen Entschluss gekommen ist, dem Tübinger Ruf nicht zu folgen.

Die Konzentration auf schon etablierte Professoren

in Berufungsverfahren hatte die problematische Kehrseite, dass es unter Fachkollegen Absprachen, wechselseitige Begünstigungen und lukrative Gefälligkeiten geben konnte. In Tübingen erzählte man sich damals, dass es in einem kleineren biologischen Fach zwar neun Lehrstühle in der Bundesrepublik gebe, aber nur sieben qualifizierte Professoren, die ihre Position in einem kontinuierlichen Berufungskreislauf verbesserten. Das war gewiss eine Übertreibung (vielleicht gehörten ja immerhin acht und nicht nur sieben Professoren zu dem Kartell ...), aber das Gerücht zielte auf einen realen Strickfehler in den bei Berufungen vorgesehenen Prozeduren.

Für Privatdozenten, die formal die Voraussetzungen zur Übernahme eines Lehrstuhls erfüllten, natürlich aber weniger Lehrerfahrung und wissenschaftliche Ergebnisse vorweisen konnten, öffneten sich erst im Verlauf der 1960er Jahre größere Chancen, als aufgrund der enormen Steigerung der Zahl der Studierenden viele neue Professuren, darunter auch parallele Lehrstühle eingerichtet wurden. Vorher mussten sie oft den bereits mit einem Lehrstuhl betrauten Personen den Vortritt lassen. Dabei spielte auch eine Rolle, dass für Hausberufungen inzwischen ein formelles Verbot installiert war – ich hoffe, dass ich für diese Verschärfung nicht als schlechtes Beispiel fungiert habe. Es ging bei dieser Bestimmung ja auch nicht darum, ein Manko an Weltläufigkeit zu bestrafen, sondern darum, enge freundschaftliche Beziehungen und Protektionen nicht zur Geltung kommen zu lassen.

In Tübingen wurde in diesem Zusammenhang das

Beispiel der Besetzung eines neuphilologischen Lehrstuhls herangezogen. Man hatte sich auf eine Dreier-Liste mit auswärtigen Professoren geeinigt, gab aber dem Drängen der eigenen Fachkollegin nach, die an einen Dozenten erinnerte, der am Tübinger Seminar tätig gewesen war. Sie bat eindringlich, ihn wenigstens in der Liste zu nennen, da dies für seine künftige Qualifikation ein positives Zeichen sei. Die Fakultät zögerte, erweiterte aber schließlich die Liste und platzierte ihn an vierter Stelle. Das Ministerium, so wurde erzählt, habe in diesem Fall ungewöhnlich schnell entschieden: Schon nach einer Woche erging der Ruf – an den zuletzt noch in die Liste Aufgenommenen.

Allerdings war die Protektion im eigenen Haus in vielen Fällen die Voraussetzung dafür, dass jüngere Dozenten in der Berufungskommission überhaupt diskutiert wurden – insbesondere dann, wenn ihre Literaturliste kurz und nicht besonders aufregend war. Aber selbst ein guter Ruf im ganzen Fach garantierte ihnen keinen Ruf auf eine Professur. Der Orientalist Ernst Meier, der Mitte des 19. Jahrhunderts seinem Lehrer von Göttingen nach Tübingen gefolgt war, hier aber von ihm mit allen Mitteln klein gehalten wurde, hat damals schon mit dem Doppelsinn von *Ruf* gespielt und ein Epigramm *„Der ausbleibende Ruf eines Professors"* niedergeschrieben:

Also verstieg sich dein Ruf
weit über die Grenzen von Deutschland,
dass er zu dir zurück
langsam nur findet den Weg.

Wo Kommissionen und Gremien von der Eignung jüngerer Mitarbeiter überzeugt waren, argumentierten sie gegen das Verbot hausinternen Aufstiegs, das aber Bestand hatte und manchmal zu ziemlich zweifelhaften Entscheidungen führte. Ein Beispiel: Im Vorschlag für die Besetzung des Ordinariats im Ludwig-Uhland-Institut stand Gottfried Korff an erster Stelle. Er hatte in jahrelanger Tätigkeit dem Rheinischen Freilichtmuseum Kommern neue Impulse gegeben, und er hatte die berühmte Preußen-Ausstellung in Berlin verantwortlich entworfen und organisiert – ideale Voraussetzungen für eine sinnvolle Besetzung des Lehrstuhls. Aber bürokratische Prozeduren richten sich nicht nach dem Sinn, sondern buchstäblich nach den Vorschriften, und so zerschlug sich die geplante Berufung zunächst, weil Korff inzwischen als Dozent am Ludwig-Uhland-Institut arbeitete.

In ähnlich gelagerten Fällen kamen Leute *aus dem eigenen Stall* zum Zug, weil sie vorsorglich für kurze Zeit von ihrem Tübinger Arbeitsplatz evakuiert wurden. Bekannt war der Fall eines jungen Psychologen, dem unmittelbar nach seiner Habilitation ein Gastsemester an einer kaum bekannten kleinen Hochschule vermittelt wurde; damit war der Makel einer Hausberufung beseitigt, sodass er unmittelbar danach von dort nach Tübingen berufen werden konnte, wo er in Forschung und Lehre bald eine zentrale Stellung einnahm. Überhaupt fuhr man mit den Kandidatinnen und Kandidaten, die gerade noch in die Berufungsliste gerutscht und dann ausgewählt wurden, im Allgemeinen nicht schlecht. Bei einer früheren Vakanz eines psychologischen Lehrstuhls hatte man sich auf eine Dreierliste mit respektablen Professoren festgelegt, als das auch politisch motivierte Drängen studentischer Gruppen und einiger Abweichler in der Fakultät einem sehr jungen Wiener Forscher noch die Nennung an vierter Stelle einbrachte. Diese Position hielt die Mehrheit der Fakultät für ‚ungefährlich'; aber nachdem die Professoren der Reihe nach gepasst hatten, erhielt der junge Dozent den Ruf. Er erwies sich als geschickter Lehrer und kreativer Forscher. Er wandte sich nach einiger Zeit der Medizinischen Psychologie zu und erkannte für die freischwebende Psyche eine substanziellere Basis im Gehirn, dessen komplexe Funktionen er untersuchte. Dies eröffnete Chancen zur Unterstützung von Geschädigten; seine methodischen Anregungen zur Selbsthilfe über Neurofeedback erregten in der Fachwelt ebenso Aufsehen wie seine Versuche, Locked-in-Patienten, also total Gelähmten Formen minimaler Kommunikation zu ermöglichen. Wie stets in den Gipfelzonen wissenschaftlicher Erkenntnis gab es auch kritische Einwände gegen seine Forschungspraxis, aber sein Ruf *verstieg sich* tatsächlich *weit über die Grenzen*, und wenn gelegentlich - nur halb scherzhaft - darüber gesprochen wurde, dass wieder einmal ein Nobelpreis für Tübingen fällig wäre, dann war fast nur von Niels Birbaumer die Rede - Berufungsliste Platz 4.

In Erinnerung geblieben ist mir auch die Besetzung eines Lehrstuhls der Klassischen Philologie, für die ich als Dekan einen Teil der Verantwortung trug. Das Fach war reich ausgestattet mit Professuren, und es hatte eine ganze Reihe glänzender Fachvertreter aufzuweisen. Entsprechend intensiv war der Wunsch, auch den Lehrstuhl für Griechische Philologie mit einem namhaften Forscher zu besetzen. Als der Fakultät die Liste vorgelegt wurde, konzentrierte sich die Debatte auf die Frage, ob es denn sinnvoll sei, dann auch noch den verdienten, aber doch weniger gut ausgewiesenen Privatdozenten Richard Kannicht anzuführen. Der Einwand war vorhersehbar, und so memorierte ich im Vorfeld der entscheidenden Sitzung Gegenargumente: Hinweis auf fast ein Jahrzehnt an der Universität Würzburg, je zur Hälfte als Assistent und dann als Privatdozent, und dazu die Aufzählung einer ganzen Reihe vorzüglicher Forschungsarbeiten Kannichts. Relativ schnell wurde die Abstimmung beantragt, und ich kam nicht mehr dazu, den praktischen Aspekt hervorzuheben, dass nämlich ohne die Ergänzung der Vorschlag durchaus ins Leere laufen könnte. Ich hatte dafür eine Formulierung parat: *Angenommen, Professor x kann nicht und auch Professor y kann nicht – Kannicht kann.* Vermutlich habe ich diesen harmlosen Scherz deshalb nicht vergessen, weil ich ihn nicht an den Mann brachte – bis zu diesem Zeitpunkt.

Kannicht *konnte* jedenfalls und leistete seinen gewichtigen Beitrag zur bedeutenden Tübinger Tradition der Klassischen Philologie.

Buchgarage

Die Fakultätssitzungen fanden in der Regel abends ab 20 Uhr statt, und auch die Termine für Beratungen im Vorfeld und für Kommissionen lagen in den Abendstunden. Überhaupt war die Arbeit in der Universität auf einen größeren Zeitraum verteilt als heute. Der Freitag – der ganze Freitag! – war ein normaler Arbeitstag, und der Samstagvormittag führte regelmäßig kleinere Arbeitsgruppen zusammen. Die Ursache für die in den 70er Jahren allmählich einsetzende Reduktion ist nicht in der privilegierten Position der Hochschullehrer und ihrer Bequemlichkeit zu suchen. Ihre Arbeit war (und ist) mit dem Verlassen der Diensträume ja nicht beendet, und eine neue Bewertung der Wochentage setzte sich in der ganzen Gesellschaft durch. Gewerkschaftliche Plakate legten Kindern den Ausspruch „*Samstags gehört Papa mir!*" in den Mund (von Mama war auffallender Weise nicht die Rede); der Sonnabend wurde unterrichtsfrei, auch die meisten Arbeitsstätten waren verwaist, und noch vor der Möglichkeit, mit Hilfe der neuen Medien die Arbeit nach Hause zu verlagern, wurde auch der Freitagnachmittag in vielen Büros und Betrieben in die Freizeit einbezogen – meist ohne große Verlautbarung, sodass erst vergebliche Telefonanrufe der Kundschaft den Sachverhalt klärten.

Nach der Fakultätssitzung trafen sich manchmal ein paar Kollegen noch zu einem Umtrunk, in irgendeiner Wohnung, da die Gaststätten großenteils schon geschlossen, jedenfalls den Küchenbetrieb eingestellt hatten. Es kam aber auch vor, dass sich an die reguläre Sitzung noch die Beratung eines kleineren Gremiums anschloss. So war es an dem Abend, von dem ich berichten will. Eine Berufungskommission traf sich zur entscheidenden Sitzung; sie musste zu einem Ergebnis kommen, wurde aber lange nicht einig. Mitternacht war vorbei, als endlich die Vorschlagsliste stand, und erst gegen ein Uhr ging man auseinander. Mich hatte Professor Eugenio Coseriu schon vor Beginn gefragt, ob ich ihn auf meinem Heimweg nach Reutlingen mitnehmen könne in den Nachbarort, in dem er wohnte. Angesichts der Umstände hätte ich selbstverständlich für jeden der Beteiligten den Chauffeur gespielt, aber die Anfrage von Coseriu freute mich besonders.

Eugenio Coseriu war ein herausragender Vertreter der Romanistik und der Allgemeinen Sprachwissenschaft. Seine Biographie verwies auf eine ungemein reiche praktische wie theoretische Spracherfahrung: geboren und aufgewachsen in Rumänien, Studium und Lehrtätigkeit in Rom, Mailand und Padua, acht Jahre Professur in Montevideo, Gastprofessuren in Malaga, Coimbra, Bonn und Frankfurt, danach von 1963 an Ordinarius in Tübingen. Sein Ansehen und seine Exzellenz beruhten aber nicht nur auf den breit gefächerten Sprachkenntnissen, sondern vor allem auf der Vielfalt seiner sprachwissenschaftlichen Zugänge. So perfekt er Sprachsysteme entschlüsselte, so sensibel war sein analytischer Blick auf die lebendige Kommunikation. Dies ermöglichte anregende Verbindungen auch zu nichtlinguistischen Disziplinen.

Er verstand sich gut mit mir, und ich hatte einen Stein im Brett bei ihm, nachdem ich mich in einem Referat auf einen ungedruckten Vortrag von ihm bezogen hatte. Von meiner Seite war das gar nicht als besondere Verneigung gedacht, aber er sah darin eine ungewöhnliche Referenz und Reverenz, und obwohl er sein wissenschaftliches Ansehen eigentlich gar nicht mehr steigern konnte, war er stets darauf bedacht, berücksichtigt zu werden, ängstlich fast und auch ein wenig eitel, was man bei seiner wissenschaftlichen Um- und Weitsicht verstehen konnte.

Und nun saß er also bei mir im Auto. Er hatte selbst keinen Wagen, sondern ließ sich regelmäßig von Mitarbeitern oder Freunden nach Hause geleiten. Wohl aber hatte er eine Garage, und es hatte sich herumgesprochen, dass er diese umfunktioniert hatte zu einer Bibliothek. Wegen seiner weit verzweigten Interessen und seiner Spezialkenntnisse war es nicht verwunderlich, dass sein Bücherschatz in vielen Teilgebieten die Bestände der Universitätsbibliothek und der Seminarbüchereien übertraf, und er erwähnte auch gerne die ungefähre Zahl der Bücher und Sonderdrucke, die er angesammelt (und gewiss zum größten Teil gelesen) hatte – leider habe ich die Tausenderangabe vergessen. Ich weiß auch nicht mehr, worüber wir uns bei der Fahrt unterhielten – wohl aber erinnere ich mich, dass er kurz vor seinem Ziel plötzlich den Einfall hatte, mich zur Besichtigung seiner Bibliothek einzuladen. Ich schaute unwillkürlich auf die Uhr; aber meine Bemerkung, das sei ihm doch nach diesem Sitzungsmarathon nicht zuzumuten, wies er zurück, sodass ich schließlich ehrlich bekannte, dass ich zu müde sei und nicht mehr die nötige Aufmerksamkeit aufbringen könne.

Das akzeptierte er natürlich. Aber im Gespräch mit engeren Mitarbeitern des Romanischen Seminars wurde mir klar, dass meine Absage eine Beleidigung für Coseriu war – normalerweise, hieß es, komme man nicht in die Bibliothek, und die Garage stelle eine Art geistiger, wenn auch nicht geistlicher Hauskapelle dar. Für kurze Zeit sah ich das Verhältnis etwas abgekühlt, war aber nicht sicher, ob der Eindruck stimmte. Der freundliche Umgang war bald wiederhergestellt – die Einladung in die legendäre Buchgarage wurde aber nicht erneuert.

Hinzuzufügen ist, dass Coseriu nach seiner Emeritierung die Prüfung für den Führerschein machte und ein Auto kaufte. Leider weiß ich nicht, wie er das damit entstandene Parkproblem löste – ob er also die vielen Bücher anderswohin verfrachtete, oder ob er seinen Wagen im Freien abstellte.

Neckar-Prawda

Zu den ersten Pflichten nach einer Berufung gehörte die Antrittsvorlesung, mit der man sich in der Fakultät, aber auch in der weiteren Öffentlichkeit vorstellte. Ich wählte das Thema *„Aufklärung und Aberglaube"* und fand damit ein erfreuliches Echo. Ein oder zwei Tage danach kam im *Schwäbischen Tagblatt,* der regionalen Ausgabe der *Südwest Presse,* ein recht ausführlicher Bericht des Herausgebers und Chefredakteurs Ernst Müller. Das war eine Überraschung – aber in mancher Hinsicht auch keine, denn Ernst Müller schrieb regelmäßig und sachkundig über viele verschiedene wissenschaftliche Disziplinen und Forschungsergebnisse. Als ihm bald nach Kriegsende die Herausgeberschaft angeboten worden war und er zum Miteigentümer der Zeitung wurde, war es für ihn keine Frage, dass er vor allem aktiv an Inhalt und Gestaltung des Blatts mitwirke. Er hatte bereits einen guten Ruf als Schriftsteller; sein Buch über die Tübinger *„Stiftsköpfe"* galt als Standardwerk der lokalen Geistesgeschichte, aber er war auch in den Naturwissenschaften bewandert. Den Professorentitel verdankte er später Verdiensten um die Vermittlung wissenschaftlicher Probleme und Ergebnisse, wobei er oft auch selbst und selbständig Stellung bezog.

Der Zufall wollte es, dass ich ihm am gleichen Vormittag begegnete, an dem ich frühmorgens auf den Artikel gestoßen war. Ich war auf dem Weg zur Universität, er ging auf der gegenüber liegenden Seite der Wilhelmstraße stadteinwärts; möglicherweise hatte er gerade beim *Lemberger*, der abweichend von seinem Namen ein Bäcker war, sein Vesper gekauft. Ich grüßte höflich, er schlug einen Haken, eilte über die nicht ampelgeschützte, aber wenig belebte Straße auf mich zu, rückte ganz dicht heran, packte mit einer Hand die Knopfleiste meiner Jacke und sagte ernsthaft-vorwurfsvoll: *Du könntesch de au bedanke!* Dass er seinen Gesprächspartnern auf den Leib rücke und sie duze, war mir aus Erzählungen bekannt; trotzdem geriet ich in eine gewisse Verlegenheit. Ich erwiderte, dass ich ihn ja nicht einfach so und über die Straße weg ansprechen wollte, dass ich aber natürlich die Absicht hatte, mich zu bedanken für die Darstellung und für die überaus freundliche Kritik. Dann sei ich also einverstanden mit seiner Rezension, fragte er. *Ja, sehr*, sagte ich, und dann wagte ich doch einen einschränkenden Widerspruch: *bis auf den Mittelteil*, da habe er mir das Gegenteil von dem, was ich vorgetragen hatte, in den Mund gelegt. Seine Erwiderung überraschte mich wirklich: *Ja, sicher*, sagte er, und dafür müsse ich ihn eigentlich loben, denn das sei die fragwürdigste Passage in dem schönen Vortrag gewesen; ich sähe das ganz falsch, und ich müsse froh sein, dass er es richtiggestellt habe. Diese von keinem Zweifel angekränkelte Rechtfertigung machte mich sprachlos, und ohnehin – er hatte mein Revers freigegeben – war er im Begriff, weiter zu gehen.

Ich musste später oft an diese Szene denken, wenn –

überwiegend kritisch – von der Präsentationsform und vom Stil des Tagblatts die Rede war. Was mir widerfuhr, war ja ein Muster für die versäumte Trennung von Information und Kommentar; und der Vorwurf, welcher der Zeitung oft gemacht wurde, ging in diese Richtung: man erfahre, was jemand hätte sagen sollen, aber nicht zuverlässig, was er oder sie gesagt habe. In der Tat bekamen manche Berichte dadurch eine problematische Schlagseite. Allerdings ist der Gegeneinwand angebracht, dass Fakten oft nicht aus dem Gewirr gegensätzlicher Bewertungen gelöst werden können, sodass es bei der Beurteilung vor allem um die Richtung der Bewertung ging – und mit den eher linksliberalen Einstellungen konnte sich ein Teil der Tübinger Bürgergesellschaft schwer abfinden. Dieses Motiv schimmerte auch durch, wenn die Zeitung hochnäsig als provinzielles *Käsblatt* eingeordnet oder, deutlicher den politischen Akzent setzend, als *Neckar-Prawda* bezeichnet wurde – ein Name, der manchmal auch in der Redaktion benützt wurde.

Dass der Chefredakteur meine Äußerung einfach ins Gegenteil verkehrte, fand ich nicht in Ordnung; aber ich konnte mich auch nicht ganz von der Einschätzung lösen, dass die quasi heimliche Ausbesserung eines vermeintlichen Fehlers freundlicher war als eine kühle Kritik. Dafür, dass es Ernst Müller nicht um die Feier der eigenen Meinung und um Rechthaberei ging, lieferte er im folgenden Jahr ein beachtliches Beispiel. Es ging um die sogenannte *Spiegel-Affäre*. Der „Spiegel" hatte über ein NATO-Manöver berichtet, was die Regierung mit Verteidigungsminister Franz Josef Strauß zu nervös-aggressiven, dubiosen Aktionen veranlasste. Verleger und federführende Redakteure wurden verhaftet, und noch als der widerrechtliche Charakter der Verhaftungen bereits nachgewiesen war, erklärte der Kanzler Adenauer im Parlament: *Wir haben einen Abgrund von Landesverrat im Lande.*

Große Teile der Bevölkerung sahen das anders, und vor allem an den Universitäten regte sich Widerstand gegen die anmaßenden autoritären Rechtsübergriffe. In Tübingen beteiligte ich mich an einem vor allem von dem Theologen Hermann Diem und dem Literaturwissenschaftler Klaus Ziegler angeregten Protest, der sich im lokalen Rahmen gegen die Presse richtete, aber auch überregional zur Kenntnis genommen wurde – der *Spiegel* bezeichnete in einem kleinen Artikel die beteiligten Professoren in Erinnerung an die *Göttinger Sieben* als die *Tübinger Acht*, respektvoll, aber auch mit einem Anflug von Ironie. Unsere an Ernst Müller adressierte öffentliche Erklärung rügte die Missachtung rechtsstaatlicher Grundsätze in der Berichterstattung des Tagblatts. Ernst Müller reagierte prompt; er rückte den Text der Professoren in seine Zeitung und kommentierte, die Beleuchtung der demokratischen Seite der Spiegel-Affäre sei *ein Stück notwendiger Diskussion und Korrektur.*

Die freundliche Verbindung zwischen Uhlandstraße, dem Sitz des *Schwäbischen Tagblatts*, und Uhland-Institut, der kulturwissenschaftlichen Institution auf dem Schloss, blieb erhalten. Die Zeitungsredaktion wandte sich immer wieder einmal an das Institut, um in Fragen der Kulturgeschichte oder der gegenwärtigen Lebenswelten den Rat wissenschaftlicher Experten zu suchen, oder auch gleich die Tat, nämlich druckreife Artikel. Und umgekehrt war und ist für das Fach gerade die regionale Presse eine wichtige Quelle und ein kontinuierlicher Hinweisgeber. Beim Abschiedsabend für Ernst Müller in der „Krone" wurde ausdrücklich betont, dass er bei allen kenntnisreichen, philosophisch fundierten Streifzügen in der großen Geistesgeschichte die Sicht auf den Alltag der Menschen nie verloren habe. Eine leider wohl nirgends dokumentierte improvisierte Laudatio trug Ernst Bloch vor. Es war eine funkelnde Ansprache, ein mit großer Bewunderung und leichter Ironie skizziertes Porträt mit vielen Tübinger Realitätsbezügen. Bloch, der gegen Ende seines Lebens immer mehr von Theologen vereinnahmt wurde, entsprach hier heiter seiner Devise, er wolle *nicht im Drüben fischen.*

Die Funktion des Tübinger Chefredakteurs, die zwei Jahrzehnte bei Ernst Müller lag, ging 1969 für rund 35 Jahre an seinen Sohn Christoph Müller über. Es sollte wohl nachgetragen werden, dass der freundliche Kontakt des Vaters zum Ludwig-Uhland-Institut auch damit zusammenhing, dass er sich von mir erhoffte, ich könne Christoph zu einem richtigen Bildungsabschluss ermahnen – ihn *ein bisschen schubsen*, sagte der Vater einmal. Christoph Müller studierte damals in Tübingen Germanistik, kam aber auch in das Institut auf dem Schloss, weil er es dort nicht nur interessant, sondern auch *gemütlich* fand, und weil man dort, so hatte er gehört, rauchen durfte. Er hatte, wenn ich mich recht erinnere, ein Dissertationsthema, aber wohl nie die Absicht, lange akademische Durststrecken zurückzulegen. Seine Welt war schon damals das nicht an einen engen Gegenstand gebundene Schreiben, die vielseitige Tätigkeit des Journalisten, die ihn zunächst nach Berlin an den *Tagesspiegel* und danach, 31 Jahre jung, an die Spitze der Redaktion des *Schwäbischen Tagblatts* führte – durchaus mit der Zustimmung des Vaters, der ihm zwar einen akademischen Titel gewünscht hätte, aber selbst ein so unruhiger Geist war, dass er die beweglichen Interessen und auch die Kapricen seines Sohns verstand.

Wenn Christoph Müller charakterisiert wird, taucht nicht selten das Wort *Paradiesvogel* auf. Es zielt – kaum einmal mit kritischem Unterton – auf schwer berechenbare Eigenwilligkeit, vor allem aber auf die in der Presselandschaft ungewöhnliche Art und Weise, mit der er seiner Zeitung ein eigenes Gesicht gab. Dazu gehörte vor allem die große Zahl der Redakteurinnen und Redakteure und mehr noch deren Niveau und ihre ganz und gar nicht provinzielle Einstellung. Der Chef suchte sie meist selbst aus; und so wurde die Verbindung zu den Empirischen Kulturwissenschaftlern zeitweise noch enger. Sepp Buchegger, ohne dessen Karikaturen das Tagblatt nicht denkbar ist, war Sportwissenschaftler, kam aber über seine Beteiligung an einer kritischen Olympia-Ausstellung im Haspelturm zu seinem Engagement bei der Zeitung. Utz Jeggle, damals noch Assistent und später Professor am *LUI*, schrieb aufregend gescheite Theaterkritiken und bewegte sich damit auf einem Feld, das auch zu den von Müller bevorzugten gehörte; und er schrieb Glossen im schwäbischen Dialekt als *Vetter Fritz*, der sich in Briefen an die nicht näher definierte *liebe Frieda* über schief gewickelte Menschen und schräge Vorkommnisse in der kleinen Stadt ausließ. Ihm folgte mit ähnlichen Zielen *Hans am Eck*, den Bernd Jürgen Warneken (auch er wurde LUI-Professor) als bauernschlauen Beobachter durch die Stadtviertel schickte. Es folgten noch eine ganze Reihe weiterer Studierender und Absolventinnen der Empirischen Kulturwissenschaft, die mit verantwortlichen Aufgaben in der Redaktion betraut wurden und dazu beitrugen, der Berichterstattung über Tübingen und die Umgebung Farbe zu geben, die dabei aber auch auf wissenschaftliche Fundierung bedacht waren. Es lässt sich behaupten, dass dies die am besten ausgebaute Verbindung zwischen der örtlichen Zeitung und der Universität war – und teilweise noch ist, auch wenn sich Stil und Ton in der Redaktion nach dem Ende der Müller-Hierarchie geändert haben.

Ausländerkurs

Bis in die 1960er Jahre hinein waren Ausländerinnen und Ausländer verhältnismäßig seltene Exemplare an der Universität. Nicht dass sie abseits standen – das *Akademische Auslandsamt*, das allerdings zunächst nur ein Senatsausschuss war, ging ihnen in technischen Belangen an die Hand, und in den Instituten und Seminaren galt das ausdrückliche oder stillschweigende Gebot, sich um sie zu kümmern. Das geschah auch, bekräftigte aber in vielen Fällen den Befund, dass sie nicht einfach dazugehörten, auch dort, wo keine Sprachprobleme und keine gravierenden Differenzen im Fachverständnis vorhanden waren. Andererseits führten die ganz individuellen Kontakte dazu, dass immer wieder haltbare Verbindungen entstanden – akademische Lehrerinnen und Lehrer ausländischer Hochschulen, bei denen ein Tübinger Studienaufenthalt zur jährlichen Planung gehört, waren (und sind) keine Ausnahme.

Die Verhältnisse waren nicht in allen Fächern gleich. Eine Sonderrolle spielte die Beziehung zu Frankreich. Schon in der ersten Phase der Besatzungszeit gab es intensive Kontakte französischer Offiziere und bald auch französischer Wissenschaftler mit der Universität Tübingen. Der intellektuelle Zuschnitt des französischen Führungspersonals legte das ebenso nahe wie das weltoffene Profil frankophoner deutscher Gelehrter; an erster Stelle ist hier an Carlo Schmid zu denken. Die enge Verbindung blieb erhalten und fand nach einigen Jahren ihren lebendigen Ausdruck in der Partnerschaft der Universitäten Tübingen und Aix-en-Provence. Auch außer der Romanistik gab es Disziplinen, in denen Kontakte mit dem Ausland und Ausländern zwingend zur Ausbildung gehörten. Allerdings machte Anfang der 50er Jahre ein Gerücht die Runde, dass ein Anglistikstudent, dem als einzigem ein längerer Aufenthalt in den anglophonen Vereinigten Staaten von Amerika vergönnt war, im Staatsexamen scheiterte – wegen seiner Aussprache. Aber das war ein nie wirklich bestätigter, freilich auch nie verbindlich widerlegter Sonderfall. Ganz allgemein wuchs – und nicht nur in den Philologien – das Bedürfnis, Begegnungen mit dem Ausland zu suchen und zu schaffen. Ausgeprägt sichtbar wurde dies in den teilweise auch von der Studentenschaft angestoßenen Versuchen, besondere Treffen auszurichten, im Rahmen größerer Exkursionen und vor allem durch internationale Ferienkurse.

Wenn in Tübingen vom *Ausländerkurs* gesprochen wurde, war meist der *Hochschulkurs für ausländische Germanisten* gemeint, dessen Aufbau und Programmlinie Ende der 50er Jahre von Lehrenden des Deutschen Seminars entworfen worden waren, der seine positive Entwicklung aber auch dem Eifer der beiden Damen im Akademischen Auslandsamt und der aktiven Hilfe der Universitätsleitung verdankte. Für die Uni war der alljährliche Kurs ein Prestigeprojekt, das in der Öffentlichkeit auch jenseits der Grenzen Beachtung und in vielen ausländischen Hochschulen große Resonanz fand. Dabei wirkte mit, dass der Kurs im Vergleich mit Angeboten anderer deutscher Universitäten ein eigenes und eigenwilliges Profil vorzuweisen hatte. Deutlich – und immer wieder deutlich gemacht – wurde dies vor dem Kontrastbild Heidelberg. Dort kamen im Sommer meist etwa 500 ausländische Studierende zusammen, denen ein buntes und vergnügliches Programm geboten wurde. In Tübingen ging dem Kurs eine Art Bewerbungs- und Auswahlverfahren voraus; die Zahl der Akzeptierten blieb deutlich unter 100, und unter ihnen war ein beträchtlicher Teil, der bereits akademische Abschlüsse hatte oder doch in den heimischen Lehrbetrieb einbezogen war. Das Programm der Tübinger Kurse war von Studien- und Lernmöglichkeiten bestimmt, die den Tag ausfüllten – was die Chancen des *socializing* nicht ausschloss, diesem aber einen anspruchsvolleren Charakter verlieh.

In der Aufzählung der Motoren für die erfolgreiche Entwicklung des Projekts fehlen noch die Geldgeber. Die zuständigen Stuttgarter Ministerien waren dem Kurs gewogen, und Unterstützung fand er auch bei großen Wissenschaftsorganisationen und Stiftungen. Die Kurse waren, gemessen an den damals vorhandenen Möglichkeiten, Luxus-Unternehmen. Das galt hinsichtlich der Unterbringung und Versorgung der Teilnehmerinnen und Teilnehmer, aber mehr noch im Blick auf die ins Programm einbezogenen Vortragenden. Jeden Tag war eine Vorlesungsstunde vorgesehen, für die Experten aus vielen deutschen und auch aus einigen ausländischen Universitäten gewonnen werden konnten, nicht zuletzt – diese nüchtern materielle Zwischennotiz muss erlaubt sein – wegen des großzügigen Honorarangebots. Es betrug 500 DM (und manchmal noch mehr), was grob geschätzt die Hälfte des Monatsgehalts Wissenschaftlicher Assistenten ausmachte.

Man kann sagen, dass der Monat August in jenen Jahren in dichter Folge die Crème der germanistischen Literaturwissenschaft nach Tübingen führte. Sie kamen alle – und alle waren angetan von der freundlichen Atmosphäre. Anfang der 60er Jahre war mir die Leitung des Ferienkurses zugeschanzt worden. Verhandlungen mit den eingeplanten Rednerinnen und Rednern waren teilweise schon im Gang. Aus Bonn kam damals der größte der westdeutschen Großordinarien, dessen Bücher zu den Standardwerken des Fachs gezählt wurden und der an wichtigen Schalthebeln saß: Benno von Wiese. Er dürfte auch physisch der Größte gewesen sein; seine mächtige Gestalt ist mir in lebhafter Erinnerung, und ebenso sind es seine jovialen Gespräche. Nach dem gemeinsamen Essen im kleinen, aber doch nicht ganz kleinen Kreis drückte er die Begeisterung über sein Engagement aus. Das Großartige sei, dass er den Vortrag am nächsten Tag in Freiburg wiederholen könne, und natürlich werde er in beiden Fällen die Reisekosten von Bonn und zurück einfordern. Ich kann mich an die wörtliche Fassung nicht mehr erinnern; aber sein *natürlich* ist mir im Kopf geblieben.

Doch abgesehen davon, dass diese kleine Geschichte nicht nur fürs Finanzamt verjährt ist – es erreichte nicht den vollen Tatbestand, wenn man den Akzent nur auf die Gunst der finanziellen Umstände legte. Die Vorlesungen, die im Verlauf des Ferienkurses zu hören waren, boten einen umfassenden Überblick über den Stand der germanistischen Literaturwissenschaft, und so war es nicht verwunderlich, dass dafür große Hörsäle bereitgestellt werden mussten. Die Tübinger Studierenden der Germanistik, die sich auf ihr Examen vorbereiteten, blieben für die Dauer des Hochschulkurses zu einem großen Teil in der Stadt und nahmen die Chancen kompetenter wissenschaftlicher Information wahr. Da sie ständig Kontakt mit ausländischen Kursteilnehmern hatten, entstanden auf diese Weise Kooperationen und Freundschaften. Noch dichter und enger war die Verbindung zwischen den ausländischen Gästen und den eigens zu deren Betreuung eingesetzten Tutorinnen und Tutoren. Dank der großzügigen Planung waren es viele – rund ein Viertel der Zahl der regulären Kursteilnehmer. Nicht zuletzt diese Ergänzung sorgte dafür, dass es sich praktisch nicht um einen Kurs für ausländische Germanisten handelte, sondern – wie man heute sagen würde – um einen Internationalen Germanistenkurs.

Die einzelnen Tutorinnen und Tutoren hatten zum Teil besondere Aufgaben; vor allem aber waren sie ständig ansprechbar und überall dabei. Diese Hilfskraftstellen waren sehr begehrt, nicht nur, weil es sich um einen vergleichsweise günstigen Ferienjob handelte, sondern auch, weil man davon in vieler Hinsicht profitieren konnte. Zu den Lernerfahrungen gehörte der vernünftige Umgang mit den Partnern aus fremden Ländern – einerseits das Eingehen auf deren spezielle Voraussetzungen, andererseits der Abschied von Klischees. Ich erinnere mich, dass ich bei der Begrüßung und ersten Vorstellung der Kursteilnehmer bei einer Tutorengruppe stand, die in einem schnellen und leisen Quiz begriffen war. Sobald eine der Ausländerinnen oder einer der Ausländer vortrat, gingen die Flüsterstimmen durcheinander: *Spanier? Nein, Norweger. Ich bin für Holländer ...* Die wesentliche Pointe war, dass es fast nie stimmte; es gab strohblonde junge Frauen, die aus Jugoslawien kamen, und der schwarzhaarige Bursche mit dem koketten schmalen Lippenbärtchen und den stechenden Augen war kein Sizilianer, sondern ein Schwede.

Die Tutoren und Tutorinnen gingen, wo es notwendig und gewünscht war, den ausländischen Gästen bei Unterrichtsproblemen an die Hand; es gehörte aber auch zu ihren Funktionen, den Gästen Einblicke in das Leben der kleinen Stadt zu vermitteln. Das war deshalb sinnvoll, weil Begegnung und Umgang mit Ausländern noch keineswegs selbstverständlich waren. Auch in der Stadt waren Ausländer eine Seltenheit; nach Farbigen drehten sich viele Leute neugierig und manchmal auch verwundert um, und es gab neben freundlicher Akzeptanz auch Abgrenzung und Ablehnung. Nach einer Abendveranstaltung führte ich eine größere Gruppe aus dem Kurs in eine Weinstube der Unteren Stadt, deren Wirt im Ruf eines schwäbischen Humoristen und Unterhalters stand – und dies mit Recht. Aber bei unserem abendlichen Besuch beschränkte sich sein Humor auf die Anweisung an die Bedienung, keine Bestellungen anzunehmen, die Ausländer nicht zu bedienen. Wir verließen das Lokal, und ich machte meinem

Ärger in einem Leserbrief Luft, der allerdings keineswegs Hunderte von *Likes* auslöste.

Die Hilfskräfte durften (und sollten) auch ihre eigenen Initiativen entwickeln. Ein Chor wurde gebildet, der rasch Routine für den Vortrag deutscher Lieder entwickelte, und Theaterstücke wurden aufgeführt. Das ausländische Engagement mit den erkennbaren fremdsprachlichen Einfärbungen garantierte dabei einen sicheren Mehrwert, und wenn zwölf junge Frauen und Männer als Kinder am Tisch des spießbürgerlichen Professors Doktor Traugott Hermann Nägler ihren Unfug trieben, erhielten die witzigen Dialoge, die der Autor Curt Goetz in dichter Folge in „*Das Haus in Montevideo*" eingebaut hatte, einen zusätzlichen Dreh und Vergnügungseffekt. Auch Ausflüge und nächtliche Partys wurden organisiert, und eine der ehemaligen Tutorinnen versichert bis heute mit glaubhaften Details, dass sie Günter Grass beim Heimweg von einem Tanzvergnügen wegen zu intensiver Sympathiebezeugungen eine Ohrfeige verpasst habe – was allerdings in seinen autobiographischen Schriften und den Biographien nicht erwähnt ist.

Der Tübinger Aufenthalt von Günter Grass kam zustande, weil in das Kursprogramm neben den fachwissenschaftlichen Vorträgen auch Dichterlesungen einbezogen wurden. Damals waren öffentliche Auftritte von Autorinnen und Autoren noch nicht besonders zahlreich; in Tübingen gab es aber, vor allem dank der Vermittlung durch Walter Jens, immer wieder einmal großartige Beispiele. Anfang 1963 deklamierte der gerade 30-jährige, aber international gefeierte russische

Dichter Jewgenij Jewtuschenko im Festsaal seine Gedichte vor riesigem, überwiegend studentischen Publikum – die Schätzungen lagen zwischen zweitausend und viertausend Personen, die sich auf die Gänge und auch auf andere Hörsäle verteilten. Wenig später zog Ingeborg Bachmann die Menschen in ihren Bann, und bei einigen bedeutenden Poeten führten haltbare biographische Linien nach Tübingen – Martin Walser beispielsweise hatte in Tübingen bei Friedrich Beißner studiert und mit der Promotion abgeschlossen, und Peter Härtling war mit einem kulturwissenschaftlichen Lehrauftrag betraut.

Trotz diesem respektablen Vorlauf boten aber die Ferienkurse eine besondere Gelegenheit, Dichtung nicht nur in schriftlicher Form kennen zu lernen. Günter Grass hatte gerade *„Katz und Maus"* veröffentlicht, wurde in der Diskussion aber natürlich auch nach Details zur Entstehung der *„Blechtrommel"* befragt. Aus der DDR zugewanderte Gelehrte wie Ernst Bloch oder Hans Mayer spielten eine wichtige Rolle; und auch ausländische Poeten kamen in den Ausländerkursen zu Wort. Unvergesslich ist die Lesung von Paul Celan, der seine Gedichte langsam und doch mit jagender oder besser: gejagter Stimme vortrug. Darunter war das Gedicht *Todesfuge*, manchmal noch mit dem ursprünglichen Titel *Todestango* präsentiert, das mit all seinen Dunkelheiten die Unmenschlichkeit der nationalsozialistischen Epoche in grelles Licht rückt. Als Celan endete, herrschte im überfüllten Hörsaal eine radikale, kalte und doch nicht abweisende Stille.

Chantal

Der kleine Grenzverkehr zwischen den deutschen Tutoren und ihren ausländischen Kurskollegen beschränkte sich verständlicherweise nicht auf wissenschaftliche Gespräche und den Austausch über gemeinsame kulturelle Erlebnisse, sondern berührte auch erotische Grenzen. Schlichter gesagt: Es gab Flirts, kleine Affären, und es gab auch stabilere Liebesbeziehungen, bei denen man den Eindruck hatte, sie steuerten auf *Mischehen* zu. Dieses Wort war damals noch weitgehend für Verbindungen zwischen den beiden dominierenden christlichen Konfessionen reserviert, begann sich aber aus dem rein religiösen Zusammenhang zu lösen und stand bereit für Partnerschaften mit unterschiedlicher Nationalität. Es wäre freilich problematisch, die Ferienkurse als Türöffner in diesem Gelände herauszustellen – nicht nur wegen der kleinen Zahl der in Frage kommenden Beteiligten, sondern auch deshalb, weil ihr weiterer Weg ja nicht verfolgt werden konnte. Schließlich garantiert die Intensität von Liebesbeziehungen nicht deren Dauer.

Das wurde deutlich in der Beziehung von Chantal und Dieter. Chantal, eine der jüngeren Kursteilnehmerinnen, war Französin und entsprach weitgehend der Vorstellung, welche männliche Deutsche von ihren französischen Nachbarinnen haben: Sie war charmant und eloquent, selbstbewusst und flexibel, und zudem war sie nicht nur hübsch, sondern von einer ausdrucksstarken Schönheit. Dieter war als Tutor ausgesucht worden, weil er ausgeprägtes literarisches Interesse und umfangreiches Wissen vorweisen konnte, aber auch im Blick auf seine lebhafte Kommunikation und seine unkonventionelle Art. Bald nach dem Ende des Ferienkurses machte er sich auf nach Paris, um Chantal wiederzusehen, und nach seiner Rückkehr erzählte er mir von seiner Tour. Allerdings nicht von der Beziehung selbst, die sich offenbar bereits dem Ende näherte, sei es infolge von Irritationen oder aus Vernunftgründen. Was er mir beichtete, betraf äußere Umstände seiner Reise.

Er hätte diese Reise ohne die Zustimmung seiner Eltern eigentlich nicht antreten dürfen – was heute ein wenig merkwürdig klingt, damals aber ziemlich generelle Norm war. Als Schüler des Germanisten Friedrich Beißner mit detailliertem Wissen über Hölderlin ausgestattet, erfand er eine Hölderlin-Tagung und verlegte sie nach Bad Homburg, dem Ort, in dem das Liebesverhältnis des Dichters mit seiner Diotima zu Ende ging – vielleicht, weil er an die Gefährdung seiner Beziehung zu Chantal dachte, vielleicht aber auch einfach deshalb, weil er sich so für Fragen nach seinem Aufenthalt gut gewappnet sah. Tatsächlich überraschte ihn sein Vater, der literarisch nicht besonders versiert war, nach der Rückkehr aus Paris mit Fragen, aber nicht nach Hölderlin oder nach den Vorträgen der Tagung, für die sich der Sohn eindrucksvolle Titel zurechtgelegt hatte, wohl aber nach Bad Homburg. Dabei ging es nicht nur um den Ort der Arbeitstagung, für den Dieter ein neu gebautes Wissenschaftszentrum erfand, sondern ganz generell um den weithin bekannten Fremdenverkehrsort.

Der Hintergrund war, dass der Vater im Krieg zum Wehrdienst eingezogen war und, was der Sohn nicht wusste, seine Grundausbildung in Bad Homburg erhalten hatte. So kannte er die Stadt zwar nicht als heitere und luxuriöse Kurstadt, sondern in gewissermaßen gedämpften Zustand; aber er hatte doch eine Vorstellung von ihren Sehenswürdigkeiten und den traditionellen Kulturangeboten. Der Sohn dagegen war nie in der Stadt gewesen, und die einzige konkretere Vorstellung verband er mit der erweiterten Namensform der Stadt, die seit langem die amtliche Bezeichnung *Bad Homburg vor der Höhe* führt. Er ahnte nicht, dass damit, geographisch korrekt, aber nicht unbedingt anschaulich, die Lage in einiger Entfernung von den Höhenzügen des Taunus gemeint war, malte sich vielmehr den Ansatz zu einem Hausberg aus, einen freundlichen Hügel, an den sich die Stadt lehnte; und im Gespräch mit seinem Vater wurde er nicht müde, diese idyllische Position ins Feld zu führen. Die Spielbank müsse man mindestens von außen gesehen haben, sagte der Vater, nicht umsonst habe man sie die *Mutter von Monte Carlo* genannt. *Natürlich, die Spielbank*, erwiderte der Sohn; aber die Zeit zwischen den Referaten sei knapp gewesen, und am schönsten habe er das Gesamtbild der Stadt gefunden, wie sie sich mit ihren alten Villen an die Höhe anschmiegt und wie sich manche Siedlungen den Hang hinaufziehen. Der Vater war wohl etwas stutzig geworden, schwärmte aber weiter für die schönen Anlagen von Kurpark und Schlosspark mitten in der Stadt. Der Sohn sagte, sie hätten zwischen und nach dem gedrängten Vortragsprogramm immer die freie Natur gesucht und seien deshalb meist zur Höhe spaziert. Der Vater merkte offenbar, dass er mit den touristischen Sehenswürdigkeiten nicht punkten konnte – und schließlich habe er eingelenkt: Wenn er es recht überlege, seien ihm die Geländeübungen noch am deutlichsten im Gedächtnis geblieben, und die hätten natürlich *auf der Höhe* stattgefunden.

Dass das Gespräch wirklich so ablief, ist nicht gesichert – ich muss mich ja doch an der Erzählfassung orientieren, die sich der Sohn zurechtgelegt hatte. Immerhin berichtete er mir von dem Dialog mit dem Vater, auch was dessen Einlenken anlangt, ohne Triumphgefühle, eher mit einer gewissen Verlegenheit. Und ich hatte den Eindruck, dass er froh war, die Geschichte mit Chantal so auf ein anderes Gleis zu verlagern. Ich fragte nicht nach, auch später nicht, als uns literarische Projekte verschiedentlich zusammenführten. Dieter hatte die Leitung eines Staatlichen Seminars für Referendare übernommen, wo seine originellen Einfälle den didaktischen Empfehlungen zugute kamen, die er für den Deutschunterricht der künftigen Lehrerinnen und Lehrer entwarf.

Einwanderungsland

Die Zuwanderung aus dem Ausland, die in der Zeit der geschilderten Ausländerkurse größere Dimensionen anzunehmen begann, ist ein Problemfeld, in dem die Wissenschaft einem Großteil der Gesellschaft weit vorausging. Historische Studien wandten sich Bevölkerungsteilen zu, die in der NS-Zeit wegen ihrer Herkunft diskriminiert und behelligt wurden. Dörfer, in denen kleine Territorialherren aus wirtschaftlichen Gründen ‚fahrendes Volk' angesiedelt hatten, wurden zu einem wichtigen Gegenstand der Forschung, und Utz Jeggle widmete den zahlreichen Judendörfern im Land eine präzise Untersuchung – konzentriert auf die Zeiten funktionierenden dörflichen Lebens, aber mit dem immer gegenwärtigen Hintergrund der brutalen nazistischen Verfolgung.

Aber auch die neue Zuwanderung rückte in den Fokus des wissenschaftlichen Interesses. Der Bamberger Soziologe Friedrich Heckmann veröffentlichte 1981 seine Untersuchungen *Zur Soziologie der Gastarbeiterbevölkerung als Einwandererminorität* unter dem Titel: *„Die Bundesrepublik ein Einwanderungsland?"* Seine Argumentation lief darauf hinaus, das Fragezeichen zu beseitigen, und er konnte sich dabei neben seinen eigenen Erhebungen bereits auf eine größere Zahl anderer Beiträge stützen. Die dominierende Einschätzung in der Politik und auch die Sicht einer Mehrheit der Bevölkerung wurde dadurch allerdings nur wenig verändert. Die durch den Bedarf an Arbeitskräften bedingte starke Zuwanderung seit den 1960er Jahren wurde natürlich wahrgenommen und auch diskutiert, aber man setzte auf das Rotationsprinzip und rechnete mit einem grundsätzlich nur vorübergehenden Aufenthalt der *Gastarbeiter*. Auch diese selbst sahen das zunächst so, aber dank der relativ stabilen Beschäftigungsverhältnisse und der Möglichkeit des Familiennachzugs änderte sich ihre Einstellung. Für viele der Zuwanderer handelte es sich nicht mehr nur um einen Arbeitsaufenthalt, sondern um eine Verlagerung des Lebensmittelpunkts. Und doch wurde erst Jahrzehnte später im Zusammenhang mit dem verstärkten Zustrom von Flüchtlingen *Einwanderungsland* zum in Deutschland und für Deutschland offiziell akzeptierten Begriff.

Die Annahme, es gehe bei der Einstellung ausländischer Arbeitskräfte nur um einen zeitlich begrenzten Vorgang, war jedenfalls schon sehr viel früher nicht zu halten. Von Einwanderung war aber fast nur dann die Rede, wenn die Migrationsbewegungen prinzipiell in Frage gestellt wurden. Es gab akademische Gruppen wie den *Heidelberger Kreis*, in denen betont wurde, dass der *unablässige Zustrom* die Deutschen zu *Fremdlingen in der eigenen Heimat* mache, und es gab Bürgerinitiativen, die einen *Ausländerstopp* forderten; aber die Zuwanderung wurde von der wirtschaftlichen Entwicklung diktiert. Und auch als der Bedarf auf dem Arbeitsmarkt zurückging, war die offizielle Werbung für die

Rückkehr der ‚Gäste' nur bedingt wirksam, da eine gewisse Integration in der neuen, der zweiten Heimat inzwischen vielfach vollzogen war.

Nüchtern betrachtet muss auch für das sozialwissenschaftliche Interesse an diesem Problemfeld festgestellt werden, dass es erst mit einiger Verspätung aufkam. Daran war nicht nur der öffentliche Diskurs jener Jahre schuld, der um die Rotation kreiste; vielmehr kann man dies in gewisser Weise auch mit der Rebellionsphase an den Universitäten in Verbindung bringen. Etwas vergröbernd könnte man sagen, dass die 68er mehr über den globalen Klassenkampf diskutierten als über die in ihrer engeren Umgebung entstandenen Verhältnisse. Aber im Verlauf der 1970er Jahre wurden aktuelle Migrationsfragen dann doch zum Gegenstand von Diskussionen und Seminaren, konkreten Untersuchungen und vereinzelten Abhandlungen.

Dabei konnte auch auf sozial- und kulturwissenschaftliche Forschungen der 1950er Jahre zurückgegriffen werden, die sich mit dem Einleben der vielen Flüchtlinge und Heimatvertriebenen in ihr neues Umfeld befassten. Die Wortführer der damals zugewanderten Bevölkerungsgruppen sahen dies nicht gern; sie stellten Unterschiede heraus und pochten auf ihre deutsche Abstammung, Zugehörigkeit und Sprachkompetenz. Mit Recht – aber in vielem war die durch Heimatverlust und Fremdheit bestimmte Situation doch vergleichbar, wobei allerdings die lebensgeschichtliche Erfahrung der Betroffenen berücksichtigt werden musste.

Beispiele für die Übertragbarkeit von Erkenntnissen jener frühen für die spätere Akkulturationsforschung könnten in größerer Zahl angeführt werden. In beiden Phasen erfolgte eine gewisse Annäherung an die neue Umgebung über dekorative Mittel der Festtradition; Aufzüge in Volkstrachten gab es von Schlesiern und Donauschwaben wie von Griechen und Türken. Die elementaren Stufen der Integration waren aber die Aufnahme in die Arbeitswelt und Schritte zur rechtlichen Gleichstellung. In beiden Fällen, bei den Heimatvertriebenen wie bei den Gastarbeitern wurde auch deutlich, dass die oft kritisierte Herausbildung von Parallelgesellschaften nicht immer nur negativ gesehen werden muss – landsmannschaftliche oder im anderen Fall nationale Vereinigungen boten zumindest in einer Übergangsphase nicht nur emotionale Sicherheit in der fremden Umgebung, sondern trugen auch organisatorisch zur Verbesserung von Rahmenbedingungen bei.

Aufschlussreich war aber gewiss auch die Feststellung erheblicher Unterschiede. Kulturwissenschaftler gingen der Frage nach, wie sich jeweils durch den Zuzug das Leben in verschiedenen Städten und Dörfern veränderte.

Ein auffälliger Befund, der sich inzwischen keineswegs ganz verloren hat, betraf die Verteilung und oft Massierung der Wohnplätze für die Zugewanderten. Die Heimatvertriebenen kamen in der baufreudigen Zeit nach den ersten bedrängenden Notlagen oft in neuen Siedlungen oder in Wachstumsspitzen der Gemeinden unter, während die ausländischen Arbeiter sich später sehr häufig in den – oft ziemlich maroden – Häusern im Zentrum ausbreiteten, in denen es zwar ausgesprochen eng zuging, die aber schon durch ihre

Lage Begegnungen mit der einheimischen Bevölkerung begünstigten. Dass die dürftigen Wohnverhältnisse später in Rückkehrforderungen als Hebel benützt wurden, war nicht vorhersehbar; tatsächlich aber erschwerte in den 80er Jahren die staatlich festgelegte Norm von 12 Quadratmetern für eine Person den Familiennachzug und damit einen Weg zur Integration.

Erhebliche Unterschiede zeigten sich aber nicht nur zwischen den verschiedenen Zuwanderungsphasen, sondern zeitgleich auch zwischen Populationen unterschiedlicher regionaler oder nationaler Herkunft. Aussagen über *die* Flüchtlinge oder *die* Gastarbeiter verfehlten oft die Spezifik der Lebenswelten, die nur über genauere Perspektiven zu erschließen sind.

Im Blick auf die Gastarbeiter und spätere Flüchtlingsgruppen waren solche detaillierten Erhebungen und Analysen nur aussichtsreich, wenn die Recherchierenden über die nötigen Sprachkenntnisse verfügten – ein Engpass, der oft erst beseitigt war, als Angehörige der zweiten Generation von Zuwanderern selbst in den Forschungsprozess eingreifen konnten.

In Tübingen suchte man diese Entwicklung in gemeinsamen Arbeitskreisen zu beschleunigen, und es kam auch zu erfolgreichen Einzelaktivitäten. Ende der 1970er Jahre fanden sich – ein Glücksfall – zwei deutsche Mitarbeiterinnen, von denen die eine, Stephanie Rothenburg-Unz, sich in der sizilianischen Gesellschaft auskannte und Italienisch sprach, während die andere, Claudia Schöning-Kalender, einen türkischen Lebenspartner hatte und nicht nur allgemein mit den türkischen Lebensverhältnissen vertraut war, sondern auch genaue Erhebungen zur türkischen Binnenmigration gemacht hatte. So entwickelte sich ein Forschungsprojekt über Sizilianer in Reutlingen und Türken in Mannheim, gleichzeitig aber auch ein fruchtbarer Kontakt mit Forscherinnen und Forschern aus den Herkunftsregionen der ausländischen Zuwanderer.

In einigen Fällen konnten sie in Tübinger Lehrveranstaltungen einbezogen werden, auch in eine von verschiedenen Disziplinen getragene Ringvorlesung über Arbeitsmigration und kulturelle Identität. Zu den Vortragenden gehörte Nermin Abadan-Unat, Professorin der Politikwissenschaft in Ankara und führende türkische Sozialwissenschaftlerin. Sie hatte schon 1964 eine erste Studie über türkische Arbeitnehmer in der Bundesrepublik Deutschland veröffentlicht, und ihr Buch über „*Die Frauen in der türkischen Gesellschaft*" erschien auf Deutsch. Sie zeigte, dass die Klischeevorstellung von verschleierten, öffentlichkeitsscheuen und in allem von ihren Männern abhängigen Frauen damals fast nur noch für Kleinstädte zutraf, und dass der Migrationsweg armer Bevölkerungsgruppen vom Agrarland meist über eine längere Zwischenstation in der Großstadt ins Ausland führte. Statistische Größen belegten den Befund; der prozentuale Anteil berufstätiger Frauen in der Türkei folgte in einer weltweiten Rangliste an dritter Stelle auf die USA und Kanada. Es war ein Überblick, der gängige Bilder korrigierte – und der insofern aktuell ist, als er die jüngere Entwicklung in die Perspektive eines gezielten Rückschritts bringt.

Der Besuch der Professorin aus Ankara ist aber auch wegen der äußeren Umstände unvergessen. Als Auftakt war für den frühen Nachmittag ein kleiner Vortrag angesetzt mit ausgiebigen Frage- und Diskussionsmöglichkeiten für Personen, die sich speziell für die türkische Migration interessierten. Frau Abadan-Unat flog nach Frankfurt, hatte die Weiterfahrt mit dem Zug bis Stuttgart vorgesehen, und von dort war von uns ein Abholdienst organisiert. Sie tauchte aber am vereinbarten Ort nicht auf, und die Nachricht erreichte die bereits in der Tübinger Neuen Aula Wartenden. Sie waren inzwischen ihrerseits mit einer Panne konfrontiert: Der als verfügbar gemeldete Hörsaal war mit einer juristischen Vorlesung des Universitätskanzlers Georg Sandberger besetzt – mir fiel die peinliche Aufgabe zu, den Vortrag zu unterbrechen und den Kompromiss auszuhandeln, der beiden Parteien die halbe Vorlesungszeit sicherte. Die verspätete Ankunft der türkischen Professorin passte dazu ganz gut, aber ich entschuldigte mich lebhaft für die entstandenen Pannen, welche die Reise für die türkische Kollegin beschwerlich gemacht hatten. Nermin Abadan-Unat – lachte. Und zählte auf: Flugzeug nicht pünktlich, Zug mit Verspätung, niemand, der sie abholt, der Hörsaal besetzt. *Und das alles in Deutschland – ist das nicht wunderbar?!*

Rebellion

Als die revolutionären Kämpfe von 1848 und 1849 fünfzig Jahre zurück lagen, wurde kaum an diese aufregende Zeit erinnert, und wenn Lokalhistoriker über jene Auseinandersetzungen schrieben, dann meist nicht ohne die Behauptung, aus ihrer Stadt und Region habe sich niemand oder fast niemand zu den Zielen der Aufständischen bekannt. Ein halbes Jahrhundert nach den rebellischen Aktionen der Zeit um 1968 gehörte dagegen der Rückblick auf jene bewegten Jahre zu den Pflichtthemen der Medien und den obligaten Gegenständen der öffentlichen Diskussion. Anders als im Kaiserreich ist das politische Klima nicht mehr eindeutig dominiert von striktem Konservatismus, und manche der 1968 hochgespülten Tendenzen sind inzwischen akzeptiert oder doch in großen Teilen der Gesellschaft diskutabel geworden. Dass sich viele der Aktivisten von damals selbst zu Wort melden konnten, hängt mit dieser Liberalisierung zusammen, aber auch mit der Tatsache, dass *die 68er* großenteils junge Studierende waren, die sich zudem im Vergleich mit dem 19. Jahrhundert einer höheren Lebenserwartung erfreuen können.

Die 2018 publizierten Rückblicke gerieten manchmal zu kleinen Heldensagen oder doch zur Beschwörung heroischer Zeiten, weckten aber auch die Erinnerung an die endlosen Dispute um die richtige theoretische Fundierung der widerständigen Praxis. Jedenfalls wurde deutlich, dass die 1968er Episode ein folgenreicher Einschnitt war, der das gesellschaftliche Normengefüge veränderte und für viele den künftigen Lebensweg neu programmierte. Nicht alle 68er haben ja den *Marsch durch die Institutionen* angetreten, und *alternativ* wurde zwar zum ziemlich frei verfügbaren Etikett, war aber vor allem das Signalement für den Wandel von Einstellungen und Lebensweisen. Deshalb ist das Interesse für jene Umbruchphase lebendig geblieben; die Frage, wie es damals war, ist (noch) nicht eingezäuntes Forschungsfeld der Historiker, sondern auch Ausdruck der Neugier im ganz persönlichen Umkreis.

Wie also war es damals? Auch ich werde ab und zu danach gefragt und suche dann im Gedächtnis nach charakteristischen Ereignissen und nach meiner damaligen Einstellung. Sie war nicht eindeutig, und manchmal rutscht mir als Erklärung das überdimensionierte Wort *Zweifrontenkrieg* ins Gespräch. Ich sah die Berechtigung der Kritik an politischen Tendenzen und Aktionen, an vielen gesellschaftlichen Konventionen und auch an strukturellen Gegebenheiten und praktizierten Stilformen der Universität; deshalb sympathisierte ich mit vielen Äußerungen und Inszenierungen des Protests. Aber als Leiter eines Instituts hatte ich für eine vernünftige Fortsetzung des Studienbetriebs zu sorgen. Das war die andere Seite der Frontlinie, und in einer Hochphase der Rebellion kam dazu, dass ich als Dekan der Philosophischen Fakultät auch in diesem weiteren Rahmen geordnete Verhältnisse aufrechterhalten musste.

Ein großartiger Helfer war dabei der Oberpedell Rudolf Günther, der bei den rebellierenden Studierenden großes Ansehen genoss, weil er mit vielen ihrer praktischen Ziele nicht nur einig war, sondern sich als Gewerkschafter auch dafür einsetzte. Dies gab ihm die Chance, auf die Protestgruppen einzuwirken und so eine ganze Reihe geplanter Störmanöver zu verhindern, die in seinen Augen fragwürdig waren. Nur einmal, im Dezember 1968, wurde eine Sitzung der Philosophischen Fakultät gesprengt, nachdem Günthers Überredungs- und Umleitungsversuche bei den etwa 300 Eindringlingen gescheitert waren. Das war vor allem deshalb bedauerlich, weil sich durch diesen Störfall die von den Fakultätsmitgliedern eingenommenen Positionen und Einschätzungen verhärteten. Ein Teil der Fakultätsmitglieder sah in dem Vorfall einen unbestreitbaren Beweis für die drohende Zerstörung der Universität – andere werteten ihn als relativ harmlosen Etappensieg der Rebellen, deren Aktionen ja nicht ganz ohne Grund ironisch als *höheres Indianerspiel* kritisiert wurden.

Ein etwas genauerer Rückblick macht allerdings deutlich, dass das Zweifrontenschema nicht ausreicht, um Ambivalenzen in der Beurteilung der Rebellion zu erklären. Während die Gegner der 68er-Bewegung meist durchgängig Kritik übten und einen festen Standpunkt gegen Veränderungen einnahmen, war die Sympathie der Lehrenden und teilweise auch der Studierenden weniger total. Wo eine aggressive Note ins Spiel kam und Aggression zum Selbstzweck zu werden drohte, schwand die Sympathie. Und ganz generell war man konfrontiert mit einer nur schwer überschaubaren Vielfalt von Themenkreisen, die in ein kritisches Licht gerückt und deren Mängel in Protestaktionen attackiert wurden. Was pauschal als 68er-Unruhen bezeichnet wurde, hatte keine einheitliche Stoßrichtung, sondern ging von einem bunten Strauß der Motive und Ziele aus.

An der Uni und auch in der Bevölkerung nahm man zur Kenntnis, dass wieder *etwas los* war, ohne dass die diversen Zusammenhänge immer untersucht und durchschaut wurden. Eine Kundgebung mit Straßenblockaden demonstrierte Solidarität mit den vietnamesischen Freiheitskämpfern; wenig später ging es gegen die im Tübinger Vietnamprozess offenkundige politische Justiz. Aufrufe und Demos richteten sich gegen die Notstandsgesetze. Ein Anti-Springer-Tag gegen das mächtige Verlagshaus wurde ausgerufen. Protest richtete sich gegen den Hochschulgesamtplan des Landes. Vorlesungen wurden gestört und in Einzelfällen abgebrochen. Eine Kundgebung richtete sich gegen die griechische Militärdiktatur. Die juristische Aufbereitung von Übergriffen der Berliner Polizei wurde gefordert. Die Forderung der *guten Sitte* in den Verhaltensvorschriften für Studierende wurde in Frage gestellt. In einem mehr oder weniger spontanen *Go-in* wurden Fragen der aktuellen Universitätspolitik diskutiert. Der von einer unzeitgemäßen Luftschutzbehörde genutzte Raum wurde besetzt. Das politische Mandat des Allgemeinen Studentenausschusses wurde verteidigt – und so weiter.

Man könnte tatsächlich fortfahren mit einzelnen

Themen und Streitpunkten, und die Komplexität – in vielen Fällen: die Verwirrung – wurde noch dadurch gesteigert, dass bei näherem Zusehen nicht *die* Studierenden protestierten, und auch nicht *die linken Studierenden*, sondern ganz unterschiedliche Gruppen in zufälliger Zusammensetzung, in offiziellen Organisationsformen oder in strikt weltanschaulich festgelegten Kadern, die noch weit in die 70er Jahre hinein den Studienbetrieb umzukrempeln versuchten. Welche K-Gruppen (K für kommunistisch) agierten, war in vielen Fällen wichtig, aber nicht immer leicht durchschaubar, obwohl sich Maoisten, Trotzkisten, orthodoxe Kommunisten und Reformisten in der Regel untereinander bekämpften. Folge dieser ideologischen Grundierung war, dass auch rein sachlich orientierte Reformvorschläge schnell als marxistische Umsturzelemente erschienen. Konkret: Wer Offenheit und eine liberale Einschätzung der Vorgänge zeigte, wurde in jener erregten Stimmung nicht nur einigermaßen seriös mit marxistischen Theorien in Verbindung gebracht, sondern mit Seitenblicken auf die DDR als Kommunist diskreditiert.

Zwei Fälle, in denen mir dieses Etikett angehängt wurde, sind mir in Erinnerung geblieben. Der eine hatte nichts zu tun mit den 68er Initiativen. Man sorgte sich um die schwache Beteiligung an Wahlen, und einige Professoren wollten gegensteuern mit einem Aufruf in der Lokalzeitung. Prominente Unterzeichner wurden gesucht, und so wurde auch Theodor Eschenburg angesprochen. Er habe, so wurde mir berichtet, den Entwurf angeschaut und gesagt, da könne er sich nicht beteiligen, es habe ja – er deutete auf meinen Namen –

ein Kommunist mit unterschrieben. Dass dies mindestens halb scherzhaft gemeint war, zeigte sich darin, dass er unmittelbar nach diesem Ausspruch unterschrieb; und unser gutes Verhältnis blieb erhalten.

Zum zweiten Fall muss eine Vorgeschichte skizziert werden. Als 1971 die Rektorwahl an der Universität anstand, herrschte ein ziemlich ausgeglichenes Verhältnis zwischen reformkritischen und reformfreundlichen Mitgliedern des Wahlgremiums. Die Professoren waren darin in der Überzahl; aber der kandidierende Politikwissenschaftler Klaus von Beyme setzte sich ausdrücklich für eine drittelparitätische Strukturierung (Professoren, Mittelbau, Studierende) ein. Beyme wurde mit der Mehrheit von *einer* Stimme gewählt, was die gegnerische Fraktion für kurze Zeit in Schockstarre versetzte, dann aber zu einer ominösen Korrektur führte. Es fand sich ein Jurist, der argumentierte, dass er keine Einladung bekommen habe, und damit die Wahl anfocht. Ein Rechtsstreit stand an, den Beyme durch seinen Rücktritt verhinderte – eine noble Geste, die aber bei der erneuten Wahl nicht honoriert wurde.

Die Forderung der Drittelparität war jedoch nicht vom Tisch. Die Vorschläge der 68er Bewegung provozierten auch in den übergeordneten Instanzen Überlegungen zu Reformschritten oder doch zur Neugestaltung der Strukturen. Ein neues Landeshochschulgesetz wurde auf den Weg gebracht, und die Universität diskutierte eine neue Verfassung. Bei der Konstituierung der Grundordnungsversammlung gehörte das Stichwort *Drittelparität* zu den heißen Themen: In den Entscheidungsgremien sollte der starken Vertretung der insgesamt kleinen Zahl von Universitätsprofessoren eine ebenso starke Gruppe von Repräsentanten des zahlreicheren Mittelbaus und gleicherweise von Vertretern der Studentenschaft gegenüberstehen. Das wurde nicht verwirklicht; aber im Vorfeld war mehrfach davon die Rede, dass man das Problem diskutieren und sicherstellen wolle, dass keine der drei Gruppen die andern einfach überfahren dürfe.

In der Versammlung stellte ich den Antrag, diesen Punkt in die Diskussion aufzunehmen – der Antrag wurde abgelehnt. Als im Verlauf der Sitzung noch zweimal nach weiteren Verhandlungspunkten gefragt wurde, wiederholte ich zweimal meinen Antrag. Für mich war es ein demonstratives *Ceterum censeo*, aber es zwang zu zeitraubenden Abstimmungsprozeduren. Als die dritte – und endgültige – Ablehnung erfolgt war, stand ich auf und stieg über das Seil, das die offizielle Versammlung von den spärlich besetzten Zuschauerplätzen trennte; ich zog mich aus der Grundordnungsversammlung zurück. Dieses Verhalten brachte mir von einigen Seiten die saloppe Klassifizierung *Kommunist* ein.

Aber es gab auch seriöse Kritik. Günter Dürig, hochangesehener Tübinger Staatsrechtsprofessor, konstatierte, es verstoße gegen jeglichen politischen Comment, wegen einer Abstimmungsniederlage ein Wahlgremium zu verlassen, und diese Einsicht gehöre in die Klippschule der Demokratie. Das war keine pauschale Zurechtweisung, sondern ein gut begründetes Urteil. Ich begriff schnell, aber zu spät: Er hatte recht.

Öffnung

Aufregende Ereignisse wie die von 1968 entfalten im Rückblick magnetische Kräfte. Vieles von dem, was damals im akademischen Umkreis in den Mittelpunkt rückte, war schon vorher angelegt und stand im Zeichen einer allgemeinen Lockerung gesellschaftlicher Normen und Formen, ausgelöst durch internationalen, vor allem US-amerikanischen Einfluss und durch generelle Tendenzen der Modernisierung. Die Fixierung auf die 1968er vereinfacht und verfälscht teilweise diesen Prozess.

Andererseits gingen von der 68er Bewegung, die sich ja nicht in diesem einen Jahr erschöpfte, tatsächlich wichtige Impulse aus. Innerhalb der Universität führten sie zu strukturellen Neuerungen und zu inhaltlichen Neuorientierungen. So waren sie ein Anstoß für intensivere Forschungen in einem vorher vernachlässigten Bereich, den man auf den Nenner der „Arbeiterkultur" bringen kann. Die sozialgeschichtliche These der fortschreitenden Verbürgerlichung der Arbeiterschaft wurde in Frage gestellt und auch für die Gegenwart differenziert. Bernd Jürgen Warneken, Katrin Pallowski und weitere Autoren öffneten mit einem Buch den Blick auf das ziemlich unbekannte *„Arbeitertübingen"*. Eine Projektgruppe des Ludwig-Uhland-Instituts suchte die

Mössinger Vorgänge bei der nationalsozialistischen Machtübernahme zu rekonstruieren, die in einmaligen Protestaktionen gipfelten; die Untersuchung trägt den Titel des stolzen und berechtigten Kommentars eines Beteiligten: *„Da ist nirgends nichts gewesen außer hier".* Wolfgang Kaschuba und Carola Lipp behandelten im Rückblick auf 1848 das Verhältnis von *„Provinz und Revolution"* in Württemberg. Auch in anderen Tübinger Arbeiten wurde das theoretisch vieldiskutierte Problem der politischen Kultur auf das Land Baden-Württemberg bezogen und – vor allem in den Untersuchungen von Hans-Georg Wehling – auch auf einzelne Regionen im Land heruntergebrochen. Der deutlich in Erscheinung tretende neue Schwerpunkt führte schließlich auch zur Gründung eines eigenen *Forschungsinstituts für Arbeit, Technik und Kultur,* das als Verein in enger Kooperation mit der Universität steht.

All diese Bemühungen können zwar nicht einer Parteilinie, wohl aber einer erkennbaren politischen Richtung zugeordnet werden. Und sie waren Teil einer größeren Entwicklung, die für die Universität wichtig war: vermehrte Aufmerksamkeit für untere Sozialschichten und damit Öffnung gegenüber der Gesamtgesellschaft.

Auf der einen Seite zeigte sich dies in der gezielten Rekrutierung von Studienanfängern, die nicht aus der bürgerlichen Mitte kamen. In repräsentativen Untersuchungen hatte man schon im Verlauf der 60er Jahre Bedingungen erschlossen, welche die Aufnahme eines Studiums erschwerten, oft – vermutlich zu oft – an erster Stelle zitiert: das katholische Mädchen aus einer ländlichen Gegend, das vor der Aufnahme eines Studiums nicht nur vor äußeren Hindernissen stand, sondern auch die traditionellen Erwartungen seiner Umgebung überwinden musste. Tatsächlich waren die nicht zuletzt von Tübinger Soziologen und Pädagogen angestoßenen Werbekampagnen erfolgreich und brachten Abiturienten und Abiturientinnen an die Uni, die früher ferngeblieben wären und die mitunter einen neuen Ton und auch neue Problemperspektiven in die Lehrveranstaltungen brachten.

Dies war ein allmählicher Wandel im Innenbereich der Universität, die sich nun aber auch mit größerer Offenheit nach außen orientierte. In Tübingen und für Tübingen hatte dies besondere Bedeutung. Nicht dass die Akademiker hier der übrigen Bevölkerung besonders distanziert gegenüber gestanden hätten – auch anderswo wurde der Abstand der Gebildeten von den kleinbürgerlichen und unterbürgerlichen Schichten lange betont. Aber anders als in der Unübersichtlichkeit einer Großstadt trat dies im kleinen Tübingen schon immer deutlicher in Erscheinung, zumal auch die Topographie zur Vergegenwärtigung des Abstands beitrug. Gehobene Kreise wohnten in der Oberstadt, und darunter verstand man zunächst nicht die erst später bebauten Höhenlagen an den Hängen, sondern die Häuser im Kernbereich um Stiftskirche und Rathaus. Die übrige Bevölkerung wohnte lange in der von der Ammer durchflossenen Unteren Stadt und fristete dort ein dürftiges Leben mit Arbeiten im Weinbau und dem Anbau von Hopfen, in kleinen Handwerksstätten und später bei der Eisenbahn. Ein Pfarrbericht aus der Mitte des 19. Jahrhunderts betont, dass die beiden Bewohnergruppen *mehr oder weniger berührungslos nebeneinander* lebten, und die Autorin Isolde Kurz schrieb, *ein unsichtbarer Stachelzaun* trenne die beiden Welten, wobei sie selbst auf die altmodischen Leute der Unterstadt durchaus mit einer gewissen Verachtung blickte.

Später gab es zweifelhafte Versuche der Annäherung. Mitten im Ersten Weltkrieg wurde erstmals eine Sammlung der *Gôgenwitze* herausgegeben, in denen die rabiate Haltung und die derbe Lebensart der Weingärtner zum Vergnügen der Vornehmeren glossiert wurde. In der Anfangszeit des nationalsozialistischen Regimes fand ein *Heimatabend der Professoren und Weingärtner* statt, bei dem der Philosoph Theodor Haering einen Vortrag auf Schwäbisch hielt und – sachlich und sprachlich fragwürdig – *a reachte Volksgemoi'schaft* feierte. Und nach dem Krieg waren Akademiker stolz auf ihre Abende im Lokal von *Tante Emilie*, an deren wortkarger Bärbeißigkeit sie sich erbauten. In all diesen Fällen handelte es sich um demonstrative und anbiedernde Näherung, um eine selbstbezogene Frischzellentherapie mehr als um wirkliches Interesse an der anderen Lebensweise.

Unterstellt man heute problemlose Gemeinsamkeit der ganzen Bevölkerung, ist auch das irrige Sozialromantik; zwar scheitert man mit dem Bild einer Klassentrennung, doch das Leben der Menschen fügt sich in relativ feste Milieus ein. Aber man wird der Universität zugutehalten dürfen, dass sich in ihrem Rahmen Bemühungen um spannungsfreie Verhältnisse und ein ernsthafteres Interesse am Leben der nichtakademischen Bevölkerung entwickelte. Als die Universität

1977 das 500-Jahr-Jubiläum ihrer Gründung feierte, leistete das Ludwig-Uhland-Institut seinen Beitrag, indem es sich ausdrücklich der Unteren Stadt zuwandte. Eine Ausstellung im Haspelturm des Schlosses vermittelte über eine Vielzahl von Exponaten Einblicke in *Die Kultur der Unteren Stadt im 19. Jahrhundert*, und Martin Scharfe, der bereits diese Ausstellung kuratiert hatte, erarbeitete mit einem Team von 13 Studierenden einen großen, ausführlich kommentierten Dokumentationsband, der schon im Titel die neue Orientierung ausweist: *„Das andere Tübingen".* Der Präsident der Universität, Adolf Theis, steuerte ein Grußwort bei, in dem er das Buch als Impuls für *die immer noch notleidende Integration der Universität in die Stadt* bezeichnete und allgemein von der *Öffnung des Sozialgebildes Universität* und der Überwindung der *Ghettosituation* sprach.

Die Universität streckte die Hand aus, und erfreulicherweise wurde der Gedanke einer intensiveren Verbindung zwischen Uni und Stadt von den Tübingern positiv aufgenommen. Die erwähnte Ausstellung wurde innerhalb kurzer Zeit von mehr als 10.000 Menschen besichtigt, und darunter waren sehr viele Bewohner der Unteren Stadt, die hier Zeugnisse nicht nur der geschichtlichen Entwicklung, sondern auch ihrer eigenen Tätigkeiten und Nöte vorfanden. Schon vorher hatten Angehörige von Vereinen und Interessengruppen aus der Unterstadt hin und wieder auf die Einbeziehung von Mitgliedern der Universität gedrängt, so etwa anlässlich des vom Weingärtner-Liederkranz gefeierten 125-jährigen Jubiläums im Jahr 1969; dabei wurde, wie auch später in ähnlichen Fällen, von Vertretern der Universität die Aufarbeitung des archivierten Materials und die Festrede erwartet. In diesem Fall fügte sich der Rückblick bruchlos in die aktuellen kritischen Publikationen ein, denn die Mitglieder des Vereins hatten sich gegen alle nationalsozialistischen Lenkungsversuche gewehrt. Sie gingen ihren eigenen Weg und wichen den An- und Aufforderungen des Parteiapparats aus, notfalls durch vorgeschobene Behinderung – *politische Heiserkeit*, wie sie es nannten. Aber wenn bei der Sondierung der Vergangenheit die problematischen Seiten ins Blickfeld rückten, tat auch dies der Herstellung vernünftiger Beziehungen meist keinen Abbruch. Die Lebensweise und Eigenart der sogenannten *kleinen Leute* wurde nicht als heile Welt glorifiziert, sondern in ihrer Härte und den daraus erwachsenden rabiateren Haltungen dargestellt, und selbst offenkundige Fehlorientierungen wurden hin und wieder von Forschenden und Betroffenen gemeinsam ans Licht geholt.

Dies galt wenigstens teilweise für die Aufarbeitung der Vorgänge der NS-Zeit. Die Forschungen zu dieser Epoche hatten sich zunächst auf die politische Klasse, die großen politischen Entscheidungen und ihre fatalen Auswirkungen konzentriert; dann rückten allmählich Fehlleistungen und manchmal ins Kriminelle reichende opportunistische Orientierungen in einzelnen akademischen Fächern ins Blickfeld – die Rolle der breiten Bevölkerung wurde dagegen meistens ausgespart. Das änderte sich allmählich. In Ortschaften, in denen KZ-Außenlager waren, Synagogen niedergebrannt wurden oder Fremdarbeiter in großem Umfang

Zwangsarbeit leisteten und zugrunde gingen, blendete man diese beschämenden Vorgänge nicht mehr aus, und die Wissenschaft griff diese Themen auf. Zum Beispiel wandte sich Utz Jeggle, der bereits mit historischen Studien das flache Idealbild der dörflichen Gemeinschaft in Frage gestellt hatte, mit einer großen Projektgruppe der Aufgabe zu, die Vorgänge während des Dritten Reichs und vor allem Einstellung und Verhalten der Leute in den Dörfern zu erkunden. Die Ergebnisse sind festgehalten in einer umfangreichen Publikation mit dem Titel „*Nationalsozialismus im Landkreis Tübingen. Eine Heimatkunde*". Die provokante Berufung auf Heimat entzieht dabei diesen Begriff romantisierenden Perspektiven und setzt ihn der ungeschönten Wirklichkeit aus.

Das Buch kann auf vereinzelte Zeugnisse des Widerstands hinweisen, bei dem sich der Eigen-Sinn der Dörfler durchsetzte; ganz überwiegend aber kam in Beobachtungen und Gesprächen die Auslieferung an die ideologischen Vorgaben, an die verordneten Gesinnungen und Untaten zum Vorschein. Solche Untersuchungen waren ein wichtiger Schritt in der Erforschung des Nationalsozialismus, der ja nicht nur von der Hierarchie der Befehlshaber bestimmt war, sondern der auch von der quer durch die Schichten vorhandenen Unterstützungsbereitschaft in der Mehrheit der Bevölkerung lebte. Das waren gewiss nicht nur *willige Vollstrecker*, wie es später die pauschale Charakterisierung im Buch des US-amerikanischen Autors Daniel Jonah Goldhagen nahelegte; vielmehr ist mit einer Skala von Ahnungslosigkeit über egoistischen Opportunismus bis zu der durch ältere Traditionen gestützten Identifikation mit nationalistischen Zielen zu rechnen. Erst diese vielfältig motivierte Zustimmung gab dem verbrecherischen Regime eine sichere Basis.

Kultur plus

Einige Besucherinnen und Besucher der Ausstellung zur Kultur der Unteren Stadt sagten mir damals, das sei ja alles ganz nett, auch interessant, aber das Wort *Kultur* sei doch eigentlich nicht angebracht. Es treffe höchstens für die geschnitzte Figur des Weinheiligen St. Urban zu und vielleicht noch für das Transparent und die alte Fahne vom Weingärtner-Liederkranz – aber nicht für Rebmesser und Rebscheren, Traggeräte, Gefäße und Pressen, und auch nicht für die ausgestellten schriftlichen Dokumente. Doch das Projekt zielte gerade darauf, den Blick für die materielle Kultur zu öffnen und darüber hinaus deutlich zu machen, dass kulturelle Prägungen das alltägliche Leben bestimmen – Essen, Trinken, Schlafen, Formen der Kommunikation, Einteilung der Arbeit und Orientierungen in der frei verfügbaren Zeit.

Diese Öffnung der Perspektive verschob in vielen geisteswissenschaftlichen Fächern den Akzent und lenkte das Interesse auf vorher ausgeblendete Bereiche. Das war nicht unproblematisch: Während kulturwissenschaftliche Disziplinen vorher unter einer gewissen Enge litten, drohte mit der Ausweitung methodische Beliebigkeit. Es schien angebracht, Grenzen zu ziehen und deutlich zu machen, dass die Kulturwissenschaft nicht überall gefragt ist. Das Beispiel, das ich damals in Diskussionen dafür anführte, war die Medizin – zur Krebsforschung könne man von unserer Seite nun einmal nichts beitragen. Kurze Zeit später nahm ich auf Bitten von jungen Medizinern regelmäßig an den Sitzungen einer Arbeitsgruppe *Krebs* teil, in der es auch um Einstellung und Verhalten von und gegenüber Krebskranken ging, und eine Mitarbeiterin, Jutta Dornheim, schrieb ihre Dissertation zum *Kranksein im dörflichen Alltag*, das unter anderen Bedingungen steht als ein Klinikaufenthalt. Zusammen mit Wolfgang Alber ging sie in einem Projekt auch der Frage nach, wie traditionelle Auffassungen der sogenannten Volksmedizin mit den modernen Therapien konkurrieren. Es war nicht zu übersehen, dass es auch die Medizin mit kulturellen Voraussetzungen zu tun hat; und ganz generell war die erweiterte Perspektive keine willkürliche, sondern eine notwendige Veränderung.

Sie wirkte sich auf den öffentlichen Diskurs aus, in dem sich aber auch unabhängig von den akademischen Anstößen eine neue Auffassung von Kultur entwickelte. In politischen Reden wurde verschiedentlich betont, Kultur sei nicht nur ein Sahnehäubchen, sondern die Hefe im Teig der Realitäten, und in vielen Zusammenhängen wurde ausdrücklich für einen *weiten* oder *erweiterten Kulturbegriff* geworben. Dabei gingen in die umfassendere Vorstellung von Kultur unterschiedliche Impulse ein. Die Annäherung des Kulturbegriffs an die spezifische Lebensweise von Personen gehörte ganz wesentlich dazu; sie wurde angetrieben und begünstigt durch die interkulturellen Erfahrungen – angeworbene

Gastarbeiter und andere Zuwanderer unterschieden sich von den Einheimischen ja nicht nur und nicht primär durch eine andere Ausrichtung des Kunstgeschmacks, sondern durch eine andere Strukturierung und ungewohnte Inhalte ihres Alltags. Die lebendige Begegnung mit zunächst fremden Gewohnheiten und Einstellungen führte weg von dem traditionellen Containermodell, also von der Vorstellung in sich geschlossener, ausschließlich traditioneller, gewissermaßen als erblich bestimmt verstandener Kulturen.

Wenn von einer Erweiterung des Kulturbegriffs gesprochen wurde, war damit aber auch meist der soziale Impuls verbunden, Kultur möglichst Vielen zugänglich zu machen und sie nicht mehr als Reservat für – mehr oder weniger – Gebildete zu betrachten. Der Frankfurter Kulturreferent Hilmar Hoffmann veröffentlichte 1979 sein Buch „*Kultur für Alle*", das nicht nur ein Programm für die Zukunft skizzierte, sondern auch auf bereits vollzogene Erleichterungen des Zugangs zu kulturellen Angeboten verweisen konnte. Dazu gehörten nicht nur finanzielle Begünstigungen, sondern auch Strategien, mit denen bei unerfahrenen Gruppen und Individuen das Interesse geweckt und die damals oft zitierte *Schwellenangst* überwunden wurde. Als Erfolg konnten beispielsweise bald kaum erhoffte Steigerungen der Besucherzahl in bedeutenden Museen gemeldet werden.

Es gab Vorläufer zu diesen Bemühungen in verschiedenen Institutionen der Volksbildung, in den Angeboten der Volkshochschulen ebenso wie im Umfeld der Bibliotheken. Dort war vom *Hinauflesen* die Rede, konkretisiert in der Erwartung, dass ein aufsteigender Weg von Ludwig Ganghofers „*Schloss Hubertus*" über Kurt Tucholskys „*Schloss Gripsholm*" zu Franz Kafkas *Schloss* führen könne. Solche Wege wurden im Klima kultureller Öffnung gangbarer. Aber die alten Kulturbarrieren wurden nicht nur von unten her durchlässiger, sie wurden bald auch von oben her nicht mehr als starre Grenzen verstanden. Damals erst fanden Rezensionen zu Spielfilmen regelmäßig Platz im Feuilleton großer Zeitungen und einem Teil der Lokalpresse. Im Bereich musikalischer Aktivitäten verschwamm die Demarkationslinie zwischen E-Musik (E = ernst, auch = elitär) und U-Musik (U = Unterhaltung) immer mehr, was zu verstärktem musikalischen Engagement beitrug; bei Untersuchungen populärer Musikausübung wurden bereits im lokalen oder im engen regionalen Rahmen Hunderte von Bands erfasst, die in ihrer Freizeit für sich, aber auch vor Publikum spielten. In der Literatur schließlich wurde nicht nur dem mittleren Bereich der Unterhaltungsbücher größere Aufmerksamkeit zugewandt, sondern auch die bunte, unkonventionelle Welt des Trivialen entdeckt, von der manchmal ebenso Übergänge in die seriöse Literaturlandschaft zu verzeichnen waren wie im Feld der Comics.

Verstärktes Interesse schloss auch Anerkennung ein, allerdings nicht gleichzusetzen mit dem Ausschalten ästhetischer Wertung. In einem Aufsatz zur Produktion und Rezeption trivialer Bücher nahm der Autor (kein Tübinger) *minderwertige Literatur* in den Titel, merkte dazu aber an, das Wort *minderwertig* solle *wertneutral* aufgefasst werden. Dies war nicht nur komisch formuliert, sondern auch in der Sache nicht hilfreich, genauso wie die gelegentlich gegebene Empfehlung, das Wort *Kitsch* gänzlich zu meiden. Die soziokulturelle Anerkennung muss ästhetische Maßstäbe nicht ignorieren. Kaspar Maase hat seine zahlreichen Arbeiten zur populären Kultur unter dem Titel „*Das Recht auf Gewöhnlichkeit*" zusammengefasst und deutlich gemacht, dass und wie kulturelle Orientierungen mit der sozialen Situation und der Lebensweise der Menschen zusammenhängen.

Alles in allem lässt sich festhalten, dass Kultur in vieler Hinsicht vom Sockel geholt und als umfassende Bereicherung des gesamten gesellschaftlichen Lebens installiert wurde. Der bunter werdende Kulturbetrieb gehörte zu den Lockerungstendenzen, welche sich zum Teil in der 68er-Bewegung entwickelten, großenteils aber damals schon angelegt waren. Es handelte sich – nicht ausschließlich, aber in wichtigen Bezügen – auch um eine Generationenfrage.

Deutlich wurde dies beispielsweise in einer Kontroverse, die sich 1963 in der Philosophischen Fakultät ergab. Arno Schmidt, dessen Romane und Erzählungen allmählich in das germanistische Lehrangebot Eingang fanden, überraschte in diesem Jahr mit der Literaturanalyse „*Sitara und der Weg dorthin*". Der Titel bezog sich auf ein von Karl May geschildertes Traumland, und Schmidts Untersuchung war ein Versuch, die Landschaftsbeschreibungen Karl Mays psychoanalytisch zu entschlüsseln als sexuelle Metaphorik, die vor allem Mays homophile Orientierung bezeugt. Es handelt sich um einen skurrilen und auch einigermaßen banalen

Band, da *jede* Naturschilderung mit Berg und Tal, Fluss und Höhlen Vergleiche mit der menschlichen (und nicht nur männlichen) Anatomie begünstigt. Da der Band aber von den üblichen literaturwissenschaftlichen Perspektiven abwich, wurde er in der Tübinger Studentenzeitschrift besprochen und als Fortschritt herausgestellt. Dies empörte die älteren und konservativen Mitglieder der Fakultät; ein führender Vertreter der Klassischen Philologie erhielt viel Zustimmung für seine Kritik, in der er sich nur verhalten auf die sexuelle Akzentuierung bezog, vielmehr grundsätzlich erklärte, dass Bücher von Karl May und Bücher über Karl May nichts verloren hätten auf der Hochschule, die ja doch die Aufgabe habe, den Rang von Bildung und Kultur zu bewahren. Die meisten Literaturwissenschaftler und einige jüngere Vertreter anderer Fächer zeigten wenig Verständnis für solche Einwände. Klaus Ziegler, der schon früh über Unterhaltungsliteratur geschrieben hatte, raunte mir zu: *Wenn der wüsste, was wir so treiben!*, und Walter Jens kommentierte den Einwand seines älteren Fachkollegen flüsternd, aber ziemlich hörbar, mit einem drastischen Schimpfwort. In der Diskussion wurde die exklusive Bindung von Kultur an gehobene Bildung in Frage gestellt – und ein Jahrzehnt danach begann der Tübinger Rhetorikprofessor Gert Ueding mit der Veröffentlichung von rund einem Dutzend Beiträgen über Karl May, zu dem er auch ein Handbuch herausgab.

Was sich im Umkreis der Künste vollzog, war keine Abwertung, sondern eine Neubestimmung des Begriffs Kultur. Sie betraf nicht nur das kulturelle Angebot und die Formen seiner Vermittlung, sondern auch die Art und Weise, wie die Leute damit umgehen. Auf vielen Feldern verschwand in jenen Jahren der Zwang oder wenigstens die stille Erwartung einer mehr oder weniger feierlichen Aufmachung beim Besuch von Kulturveranstaltungen; und auch für die Protagonisten änderte sich der Stil. Krawatten waren immer seltener zu sehen. Zunächst war dies eine bewusste Abkehr von den bis dahin üblichen Normen, bald aber Ausdruck der selbstverständlichen Einbeziehung des Alltags in die Kultur und der Kultur in den Alltag.

Flachbilder

Gegen Ende der 1950er Jahre setzte eine heftige Diskussion über das technisch schon früher entwickelte, jetzt aber populär werdende neue Fernsehen ein. Der Tübinger Autor Kurt Oesterle hat die Ausbreitung in einem Roman geschildert, der großenteils seine eigenen Erlebnisse verarbeitet. *„Der Fernsehgast"* ist ein kleiner Junge, dessen Eltern kein Fernsehgerät haben und auch nicht haben wollen; deshalb sucht er in seinem Dorf die *Fernsehhäuser* auf, die an den großen Antennen erkennbar sind, und wird dort zum mehr oder weniger regelmäßigen Gast. Die gezielten Streifzüge des Jungen erschließen die Struktur und Lebensformen des ganzen Dorfs. Zweifellos funktionierten die Gastspiele in der Überschaubarkeit des Orts besonders gut, aber auch in der Stadt war es ein Thema, wo bereits ein Fernsehgerät stand und wo sich ein Treffpunkt für die Freunde und die Nachbarschaft herausbildete.

Die Ausbreitung des Fernsehens zog sich lange hin. Gemessen an der hektischen Jagd, in der sich später neue elektronische Angebote aufdrängten und ablösten, handelte es sich um gemächliche Schritte. Die jüngere Generation, die inzwischen mit trickreichen Kleingeräten ausgestattet ist, blickt heute denn auch vielfach auf das Fernsehen als eine überholte Stufe der Kommunikation, die in der Regel Interventionen und damit eigene Aktivitäten verweigert. Und doch handelte es sich bei der Einführung und Durchsetzung des Fernsehens um eine gesellschaftliche Revolution. Was allmählich zum Standard der Wohnausstattung gerechnet wurde, war in der langen Anfangsphase durchaus umstritten. Der *Fernsehgast* ist zu seiner Rolle gezwungen, weil seine Eltern das neue Zeug aus religiösen Gründen ablehnen; und dies war nicht das einzige Motiv, das zur kritischen Distanzierung führte.

Eine nicht zu unterschätzende Ursache für Widerstand und Zögern waren die Kosten der neuen Apparate, auch wenn dieser Aspekt in der Debatte um Schaden oder Nutzen nicht besonders herausgestellt wurde.

Um 1960 herum wurden auch an der Universität Gespräche geführt und Diskussionen angezettelt über die Neuerung, und auch diese Debatten hielten lange an. Bemerkenswert war dabei, dass die Einstellung der Beteiligten nicht vorhersehbar war. Unter älteren konservativ Orientierten fanden sich viele Fernsehfreunde, während an sich aufgeschlossene Jüngere, einschließlich vieler Studentinnen und Studenten, eine skeptische Haltung einnahmen. Der Kostenfaktor war dabei mit im Spiel, aber auch eine divergierende Einschätzung der Funktion des Fernsehens. So erwies sich der Tübinger Anglist Rudolf Haas, der bald darauf nach Hamburg abwanderte, als leidenschaftlicher Anhänger des neuen Mediums. Er war als Volksschullehrer tätig gewesen und arbeitete zeitlebens mit Institutionen der Volksbildung zusammen, und er sah in den vermehrten Informationsströmen die Chance einer allgemeinen Bildungsoffensive. Andererseits wurde mit pauschalen pädagogischen Annahmen gegen den Fernsehkonsum von Kindern und Jugendlichen argumentiert. In manchen Institutionen wurde die neue Form der Vermittlung rundweg abgelehnt, so etwa in anthroposophisch orientierten Einrichtungen. Ein lückenloses Verbot und Gebot war das freilich nicht; ich erinnere mich an die Stellungnahme eines Kollegen: Es klappe ganz prima mit Kindergarten und Schule – wenn seine Waldorfkinder nachmittags zuhause seien, säßen sie begeistert vor dem Bildschirm oder spielten mit den verpönten Spielzeugautos.

Die Kontroversen ums Fernsehen waren zunächst weithin Auseinandersetzungen und Verständigungsversuche im Vorfeld der Forschung. Massenkommunikation mit dem neuen Leitmedium Fernsehen wurde aber auch zu einem stärker als vorher beachteten konkreten Forschungsfeld. Anfänglich klinkte sich die entstehende Medienforschung meist unmittelbar ein beim Bedarf der aktiven Macher. Es ging um messbare Wirkungen, also vor allem um die Einschaltquoten für einzelne Sendungen. Das Instrumentarium für derartige Feststellungen wurde zunehmend verfeinert, und die erhobenen Zahlenwerte wurden häufig als Richtschnur zur Programmgestaltung betrachtet. Dies war und blieb eine dubiose Konsequenz. Aber in der Wissenschaft realisierte man auch bald, dass sich die Wirkung von Fernsehsendungen keineswegs darin erschöpfte, dass ein Gerät auf Empfang gestellt wird, und mit der Zeit lösten kritische Analysen die affirmativen Statistiken ab.

Für diese Veränderung kann wieder 1968 als Stichwort ins Feld geführt werden. Die prinzipiell zutreffende, aber grob vereinfachende Aufteilung der Gesellschaft in Herrschende und Beherrschte fixierte den Blick zuerst auf die manipulativen Tendenzen der Massenkommunikation, wobei vor allem die Massenpresse ins Visier rückte, aber auch Fernsehprogramme kritisch untersucht wurden. Man erinnerte sich in diesem Zusammenhang daran, dass von deutscher Seite nach dem Krieg die Installierung eines Staatsrundfunks geplant war und nur durch die Besatzungsmächte die öffentlich-rechtliche Struktur gesichert wurde. Es ging bei der Kritik allerdings nicht nur um direkten politischen Einfluss, sondern auch um indirekte Einflüsse über – manchmal sehr seichte – Unterhaltungsprogramme. Jedenfalls rückten die Rezipienten mehr und mehr in den Fokus der Forschung. Gefragt wurde, was das Fernsehen mit seinen Konsumenten macht, aber auch, was diese Konsumenten mit dem Fernsehen machen. Damit wurden die pauschalen Manipulationsthesen etwas eingeschränkt.

Es ging bei der kritischen Betrachtung der entstandenen Kommunikationsszene auch nicht nur um die Ausstrahlungen, also um die Inhalte. Das Fernsehen wirkte sich auf den ganzen Lebensstil aus. Es griff ein in die übliche Strukturierung des Alltags. Obwohl die Apparate in aller Regel noch relativ klein waren, veränderten sie das persönliche Umfeld der Menschen. Oft wurde das Beispiel herangezogen, dass das Fernsehgerät das Kruzifix verdrängte, das vor allem in katholischen Häusern an einem bevorzugten, gut einsehbaren Ort platziert war – und gewiss konnte dies als Vordringen weltlicher Orientierung verstanden werden. Aber auch ohne solche inhaltlichen Bezugnahmen konnten einschneidende Veränderungen wahrgenommen werden. Zu den räumlichen gesellten sich auch neue zeitliche Verschiebungen; es gehörte bald zu den ungeschriebenen Gesetzen, dass man in der Zeitspanne der zentralen Abendnachrichten niemand telefonisch belligte.

Die zeitliche Organisation des Fernsehens verwies auch auf das neu entstandene Problem, wer in einer Familie oder Wohngemeinschaft die Programmhoheit (später hieß das: die Fernbedienung) beanspruchen durfte. Da die Zahl der Sender und damit die Wahlmöglichkeit beschränkt war, ging es zunächst überwiegend um die Entscheidung über Ein- oder Ausschalten, manchmal aber doch um die Bevorzugung oder Ablehnung bestimmter Inhalte. Die Fernsehrezeption konkurrierte dabei mit anderen Beschäftigungen, war also voll integriert in die Gestaltung von Freizeit. Ein eindrucksvolles Beispiel lieferte mir eine junge Frau, die erzählte, wie sie am Wochenende ihren Mann schon vor der Schlafenszeit ins Bett kriegen konnte: indem sie nämlich noch vor der späten Sportschau auf eine langweilige Sendung schaltete.

Der Fernsehbetrieb führte aber nicht nur zu Konflikten über das Verfügungsrecht und zu Strategien der inhaltlichen Ausrichtung, sondern sogar zu neuen Gruppenbildungen. Auch nachdem fast alle Haushaltungen mit Fernsehgeräten ausgestattet waren, trafen sich Leute, um gemeinsam bestimmte Sendungen anzusehen. Darüber hinaus bildeten manche Sendungen einen generellen gesellschaftlichen Kitt. Die unterhaltenden Sendungen umfassten damals schon viele Formate, die noch immer, nur mit mehr technischem Flitter, als Quotenhit laufen: Ratespiele und Wettkämpfe, Präsentation von Stars und Suche nach Talenten. Über solche Sendungen, etwa mit Peter Frankenfeld und später mit Hans-Joachim Kulenkampff, konnte man, pointiert gesagt, mit allen Leuten reden, und auch die Übertragung großer Sportereignisse erwies sich in den Gesprächen der folgenden Tage als gemeinsame Erfahrung.

Der Sport kann wohl auch als Beleg dafür herhalten, dass die Impulse des Fernsehens auf die nicht-mediale Realität übergriffen. Die relativ schnelle Durchsetzung der Kampagne *Sport für alle* wäre wohl ohne das Vorspiel und Vorbild auf dem Bildschirm nicht so schnell zustande gekommen. In diesem Sachbereich konnte man auch verfolgen, dass bei Personen Interessen geweckt wurden, die ihnen vorher fremd geblieben waren. Die vermehrte Zuwendung von Intellektuellen zum Fußball war ein auffallendes und öfter reflektiertes Beispiel dafür. Sie garantierte nicht unbedingt eigene Aktivitäten auf einem Bolzplatz oder vermehrte Stadionbesuche, wohl aber kontinuierliches Interesse an einem Freizeitbereich, der vorher weniger zentral war.

Oft wurde die Befürchtung geäußert, das Fernsehen könne das Ende herkömmlicher kultureller Aktivitäten bedeuten. Das galt für eine kurze Phase in einigen Sparten; so wurden die vorher meist als Generationenproblem betrachteten Schwierigkeiten von Gesangvereinen, junge Leute anzuwerben, durch die innovative Ablenkung verschärft. Aber die Korrektur folgte bald. In vielen Bereichen holte man die diversen Angebote des Fernsehens in den familiären und lokalen Umkreis herein – häusliches Rätselraten, geistige Wettkämpfe zwischen Schülergruppen, Vereinstheater, Auftritt zahlloser Bands, oft mit Inszenierungsversuchen und Ansätzen zu Starallüren, die man vom Bildschirm kannte.

Außer solchen direkt definierbaren Konsequenzen wurde aber auch die grundlegende Veränderung der Wahrnehmung und damit der verfügbaren Realität in die kritische Reflexion einbezogen. Was durch Fotografie, Illustrationen und Kino schon vorbereitet war, durchdrang extensiver und wohl auch intensiver den Alltag: Die flachen Bilder konstituierten eine ständig konkret oder in der Erinnerung abrufbare Realitätsebene, die mit der umfassenderen tradierten Wirklichkeit koordiniert werden muss. Gelegentlich liest man Anekdoten, welche die komische Seite von Irrläufern und Pannen bei dieser Aufgabe herausstellen. Aber die dringliche Anmeldung Erkrankter in der Schwarzwaldklinik – Drehort einer beliebten Serie – war schon damals die Ausnahme, und vermutlich ist auch jetzt kaum jemand so naiv, sich um stationäre Aufnahme in der Sachsenklinik der ARD zu bemühen, in der es keine Engpässe und fast nur geniale Heilungen gibt. Problematisch ist eher die massive Verlagerung der Aufmerksamkeit und der Generierung von Erlebnissen auf die zweidimensionale Welt der Bilder – Selfies mit Surfbrett aus allen Weltmeeren als zentrale Dokumentation von globalen Reisen junger Menschen.

Die neuen und weitreichenden Fragen in diesem Problemfeld sind damit nur angedeutet. Jedenfalls gelang es im oft als weltfern kategorisierten akademischen Bereich schon früh, wesentliche Probleme der Massenkommunikation zu bestimmen und in Ansätzen zu bearbeiten – und damit Wege zu bahnen für eine vielseitige Medienforschung, in der inzwischen auch der praktische Umgang mit Medien einen größeren Raum einnimmt.

Purzelbaum

Die Öffnung und erweiterte Auffassung von Kultur holte auch Aktivitäten in diesen Bereich, die lange Zeit kaum einmal unter dem Aspekt der Kultivierung ins Blickfeld gerückt, vielmehr oft geradezu als Gegensatz zum geistigen Leben eingestuft wurden. Das gilt vor allem für die vielfältigen körperlichen Übungen, die heute unter dem Dachbegriff *Sport* zusammengefasst werden. Die enge Bindung der Bildungsvorstellungen an die klassische Antike verlieh zwar bestimmten Körperübungen eine gewisse Würde, aber ein breiteres Verständnis von Sport als Kultur bildete sich nur langsam heraus. Im akademischen Leben gab es zwar durch die Jahrhunderte immer wieder Ansätze zur Ausbreitung sportlicher Tätigkeiten; unter anderem trug sowohl ihre Nähe zur militärischen Ausbildung wie das allgemeine Leistungsstreben dazu bei. Aber in das Studium integriert und als Elemente der Bildung anerkannt waren diese Versuche kaum einmal, und die Lehrkräfte der Hochschulen sahen darin nicht selten eine Gefährdung wissenschaftlicher Arbeit.

In den Jahren unmittelbar nach dem Krieg war die distanzierte Haltung auch eine Reaktion auf die Überschätzung und Funktionalisierung der *Leibesübungen* im Nationalsozialismus. Das dürfte ein Hauptgrund für die Einstellung eines Landsmanns und Schulfreunds von mir gewesen sein, der Zeitverschwendung durch körperliche Übungen grundsätzlich ablehnte, während er für vielfältige andere Aktivitäten durchaus aufgeschlossen war. Er war eine Ausnahmeerscheinung, was den Umweg über eine etwas umständliche Beschreibung rechtfertigt – ein genialer Kopf, universell orientiert und versiert auf vielen Feldern. Sein Weg war durch überraschende Wendungen charakterisiert; seine Vielseitigkeit führte und verführte ihn zu mitunter widersprüchlichen Engagements. Er war ein beliebter Jungvolkführer, und er begnügte sich dabei nicht mit Geländespielen und anderen als vormilitärisch betrachteten Übungen, sondern lehrte die Jungen auch, welch farbige Melodien man mit der harmlosen Blockflöte produzieren kann. Er war Reichssieger im Klavierspiel und durfte die berühmte Pianistin Elly Ney in den letzten Kriegsjahren bei ihren kulturellen Propagandafahrten begleiten. Nach Kriegsende wurde bezeugt, dass er in Pläne für das Attentat gegen Hitler eingeweiht war, vermittelt durch evangelische Theologen aus dem Umkreis von Helmut Thielicke. Theologie wählte er zunächst auch als Studienfach, da es nach dem Krieg am schnellsten zugänglich war. Sein größtes und bleibendes Interesse galt aber der Wirtschaftspolitik und dem Finanzwesen, einem Gebiet, in dem er als einer der offiziellen ‚Wirtschaftsweisen' tätig war und das er viele Jahre an Universitäten vertrat, bis er nach einem Schlaganfall freiwillig aus dem Leben schied.

Als ich mein Tübinger Studium aufnahm, bekleidete er bereits Hilfskraftfunktionen bei einem in den Wirtschaftswissenschaften tätigen Soziologieprofessor, und er arbeitete an einer bald darauf publizierten Denkschrift über die Währungsverhältnisse, die er, wie er in der Studie hervorhob, *aus theologischer Sicht* darstellte. Inwieweit dies zum Verkaufserfolg beitrug, lässt sich schlecht rekonstruieren; aber jedenfalls erzählte er mir später, mit seiner Beweisführung, dass die alte deutsche Währung nichts mehr wert sei, habe er eine so beachtliche Reichsmark-Summe verdient, dass er nach der Reform und dem Umtausch sein weiteres Studium damit finanzieren konnte.

Die Besuche in seiner Tübinger Bude waren interessant und auch vergnüglich; er wusste alles zu kommentieren und hatte in fast allen Bereichen gute Ratschläge parat. Mit einer Ausnahme: Sport. Damit wollte er nichts zu tun haben. Es war ihm allerdings wichtig, deutlich zu machen, dass er auch auf diesem Gebiet glänzen könnte, wenn er nur wollte. Als Beweis führte er mir mehr als einmal seine Spezialdisziplin vor: Mit hängenden Armen und zusammengefassten Händen bildete er eine Ellipse, über die er aus dem Stand mit beiden Füßen sprang – Mutprobe mehr als Geschicklichkeit, aber jedenfalls ausreichender Beleg sportlicher Kompetenz, für die ihm ansonsten die Zeit zu schade war. Irgendwann flunkerte ich, männliche Studienanwärter müssten jetzt einen Tausendmeterlauf bestreiten, um immatrikuliert zu werden. Das empörte ihn so, dass er sofort eine Beschwerde ans Ministerium richten wollte, sodass es geboten war, den schwachen Scherz schnell als solchen zu erklären.

Sieht man von der Demonstration des kunstvollen

Sprungs ab, so entsprach die Haltung meines Studienfreundes der Einstellung der meisten Professoren. Es gab ganz wenige Ausnahmen, die sich in Tübingen allerdings auf einen berühmten Vorgänger aus der Mitte des 19. Jahrhunderts berufen konnten. Friedrich Theodor Vischer hatte sein Theologiestudium abgeschlossen, wollte aber auf keinen Fall Pfarrer werden und wandte sich der Philosophie mit dem Schwerpunkt Ästhetik zu. Er arbeitete als Privatdozent und außerordentlicher Professor, und 1844 bewarb er sich erfolgreich um eine ordentliche Professur. In seiner Antrittsvorlesung bezeichnete er die Ästhetik als *integrierende* Wissenschaft, die über die *einseitige Fachbildung* hinaus *die Bildung des Menschen* anstrebt. Zu dieser umfassenden Bildung gehörte für ihn auch die Betätigung in den *gymnastischen Künsten*, wie er zusammenfassend die verschiedenen körperlichen Übungen – er führt Reiten, Fechten, Turnen, Ballspiel und Schwimmkunst an – benennt. Diese Übungen waren nicht schlechterdings verpönt an der Universität; ein Teil der Studenten war darin aktiv. Aber für einen Großteil der Professoren blieben sie beliebig und fremd – sowohl in der praktischen Ausgestaltung des eigenen Tageslaufs wie in der theoretischen Einschätzung; sie wurden eingestuft als Gegensatz zu Geist, Bildung, Kultur.

Vischer widmete rund ein Viertel seiner Antrittsrede diesem Verhältnis. Er attackierte die Kollegen, die vor ihm saßen, als Schwächlinge, *welche, wie man zu sagen pflegt, den Finger im Reisbrei brechen*, und er propagierte *die gymnastische Organisierung* des akademischen Lebens im Sinne des Erziehungsziels, *aus einem geteilten*

Menschen einen ganzen herzustellen. Er charakterisierte die körperlichen Übungen als *eine Lust, worin ein Ernst ist,* und unterstrich so den seriösen Anspruch seiner Überlegungen. Die zuhörenden Professoren akzeptierten dies großenteils nicht. Die Antrittsvorlesung wurde zum Gegenstand rechtlicher Beurteilung in Senat und Ministerium, und schließlich wurde Vischer für zwei Jahre beurlaubt – unter Beibehaltung der Bezüge. Für dieses frühe, allerdings sehr erträgliche *Berufsverbot* waren sicher in erster Linie die Passagen verantwortlich, in denen sich Vischer kritisch mit der Theologie auseinandersetzte; aber auch sein Eintreten für die Körperkultur hatte Anteil daran.

Körperkultur: Dieses Wort, das Vischer nicht benützte und das damals noch nicht gängig war, gibt eine Verbindung vor, welche trotz wachsender Bedeutung praktischer Körperübungen noch nicht als legitim betrachtet wurde. Um 1930, ein knappes Jahrhundert nach Vischers Vorstoß, setzte sich Robert Musil in seinem großen Roman und in verschiedenen kleineren Abhandlungen für sportliche Aktivitäten ein; aber er schrieb über *Körper-„Kultur"*, deutete also durch Trennungsstrich und Anführungszeichen an, dass die Aufwertung nicht ohne Probleme zu sehen war. Skeptische Distanz war auch nach dem Zweiten Weltkrieg noch die in der Hochschulpolitik dominierende Einschätzung – präziser: sie war es wieder. Im Dritten Reich wurde sportliche Ertüchtigung idealisiert und, angefangen in der Schule, in den Bildungsinstitutionen hochgehalten, was eine nüchterne Einschätzung in der Nachkriegszeit erschwerte; und auch die Propagierung der Körperkultur (unter dieser Bezeichnung) in der DDR trug im Westen nicht zur Beförderung einer unvoreingenommenen neuen Sichtweise bei.

Aber an den Universitäten wurden nicht nur sportliche Aktivitäten als Freizeitausgleich für die geistige Arbeit von den Studierenden immer häufiger genutzt, allmählich wuchs auch das wissenschaftliche Interesse an Bewegung, Spiel und Wettkampf. Im Verlauf der 1960er Jahre setzte an einer Reihe von Hochschulen eine Diskussion darüber ein, ob für den Sport nicht ein eigenes wissenschaftliches Fach eingerichtet werden sollte. Es gab vielerlei Vorschläge dazu, aber es gab auch Widerstand. Die spöttische Bezeichnung *Purzelbaumprofessor* kam auf, die den Sport auf ein simples Muster reduzierte, und andererseits scheute man gerade vor der Vielfalt der Anforderungen zurück, die erhebliche Investitionen für praktische Ausbildungsstätten nötig machten.

Tübingen erwies sich als Glücksfall. In der Pädagogik hatte schon Otto Friedrich Bollnow „*Übungen im leiblichen Bereich*" in seine Studien einbezogen, und Andreas Flitner, ebenfalls orientiert an einem umfassenden Menschenbild, bezog sich ausdrücklich auf „*Sport und Leibeserziehung*". Dies ist der Titel eines 1967 von ihm herausgegebenen Bandes, in dem als Autor auch Ommo Grupe auftaucht, der damals, als Assistent und Dozent, bereits Pläne für den Auf- und Ausbau der Sportwissenschaft entworfen hatte. Er war geschult in verschiedenen sportlichen Disziplinen, und zu seinen Schlüsselerlebnissen gehörte der dem jungen Turner und Leichtathleten ermöglichte Besuch der Olympischen

Spiele 1952 in Helsinki, der ihn auch bereits in Kontakt brachte mit Vertretern des Nationalen Olympischen Komitees, mit dem er später als kompetenter Berater und als Garant für die ethische Integrität des Sports eng verbunden war. In seine wissenschaftliche Arbeit bezog er die Geschichte der Leibesübungen ein, behandelte philosophische und psychologische Zusammenhänge und diskutierte die gesellschaftliche Stellung des Sports. So war es konsequent, dass er nach seiner Habilitation auf eine neu geschaffene Professur für *Theorie der Leibeserziehung* berufen wurde. Aus der Theorie der Leibeserziehung entwickelte sich die *Sportwissenschaft* als eigenes Fach, und das neu gegründete Sportinstitut zog rasch viele Studierende und hervorragende Lehrkräfte an.

Die Pionierfunktion darf freilich auch nicht überschätzt werden. Ansätze gab es auch an einer Reihe anderer Universitäten, und die schon länger existierende Deutsche Sporthochschule in Köln galt als zentrale Institution des Sports. Auch ist zu berücksichtigen, dass sich der Ausbau an den Universitäten in eine allgemeinere Tendenz fügte. Sport wurde in jenen Jahren zum dominanten Inhalt der Freizeit, nicht nur für Zuschauermassen, sondern auch als Praxis. Bewegung, aus gesundheitlichen Aspekten gefordert und gefördert, wurde in weiten Teilen der Bevölkerung zur – Bewegung, die auch den Lehrkörper der Hochschulen nicht ausparte. Hinwendung zum Sport schürte jedenfalls nicht mehr den Verdacht, sie gehe auf Kosten des geistigen Niveaus. In Tübingen wurde Hans Erhard Bock zur Legende, der souverän die Medizinische Klinik leitete, über die Grundlagen der Sportmedizin schrieb, in hohem Alter im Tübinger Hallenbad mit Kopfsprung vom Brett ins Becken tauchte, und der noch wenige Jahre vor seinem 100. Geburtstag (den er erlebte) täglich im Schwimmbecken des Sportinstituts ein paar Runden drehte.

Es handelte sich aber nicht nur um eine rein fachspezifische Entwicklung. Der zügig ausgebaute allgemeine *Hochschulsport* wurde zu einer wichtigen Einrichtung der Massenuniversität – nicht nur als gesundheitlicher Ausgleich zur zwangsläufigen Arbeit im Sitzen, sondern auch als soziales Angebot. Es entstanden Bekanntschaften, Freundschaften und auch Ehen; die Skigymnastik, so konnte man hören, habe praktisch die Tanzstunde abgelöst. Jedenfalls bekannte sich die Universität insgesamt zu der neuen Bewegung, die das modische Stadium schnell hinter sich ließ und die ja auch in der breiten Öffentlichkeit propagiert wurde.

Das Stichwort *Purzelbaum* wurde in Tübingen nicht bemüht, als es um die Etablierung der Sportwissenschaft ging. Ich habe es nur einmal in einem Gespräch gehört, in dem ein Fakultätskollege seine Skepsis gegenüber der Entwicklung loswerden wollte. Er sagte zu einem anderen Professor, die Bezugnahme auf diese kindliche Übung sei ja doch nicht so schief, die geistigen Anforderungen seien nicht sehr hoch: Purzelbaum. Wenn ich mich recht erinnere, sagte der Kollege darauf: *Rückwärts.* Der Kritiker: *Rückwärts?* Antwort: *Ja, Purzelbaum rückwärts.* Erneute Frage: *Purzelbaum rückwärts? Warum rückwärts?* Antwort, die das Gespräch beendete: *Immerhin ein höherer Schwierigkeitsgrad.*

Prüfungen

In den Auseinandersetzungen der 68er Zeit ging es nicht immer um globale Ziele oder Probleme von großer Reichweite, sondern auch um Eingriffe in die Substanz einzelner wissenschaftlicher Fächer. Karikierend hat man das festgehalten in der Bemerkung, man habe in Referaten und Diskussionsbeiträgen nur das Wort *Gesellschaft* unterbringen müssen, und schon sei eine gute Note sicher gewesen. Es stimmt, dass die in sich lehrreiche Bemühung um weitgespannte Theorien manchmal die disziplinären Inhalte und Fragen überwucherte. Aber insgesamt war es kein Fehler, dass Selbstverständlichkeiten der Fächer auf den Prüfstand gestellt wurden und dass es zu Änderungen kam, die ihrerseits inzwischen selbstverständlich sind.

In der Germanistik wurde der Blick auf Texte gelenkt, welche die – schwer bestimmbare – Grenze zum Poetischen nicht überschritten, Gebrauchstexte, die im Alltag ständig präsent sind und wichtige kulturelle Zusammenhänge erschließen können. Deshalb landeten Untersuchungen dieser Art öfter bei mir – und führten in einem Fall zu einer wichtigen Weichenstellung für mich. Es ging um eine Zulassungsarbeit fürs Staatsexamen, in der die Behandlung von Frauen und Frauenthemen in den Illustrierten *Stern* und *Quick* zum Gegenstand gemacht wurde. Die Kontrastierung erwies sich als methodisch geschickt, die Analyse als aufschlussreich, ich gab eine gute Note – und wurde nach einiger Zeit ins Stuttgarter Ministerium einbestellt, wo man Gesprächsbedarf sah.

Ich erwartete die Begegnung mit einem Fachkollegen und eine schnelle Verständigung. Aber ich saß dann mehr als zwei Stunden drei hochrangigen Ministerialbeamten gegenüber, die vor sich ein halbes Dutzend Zulassungsarbeiten aufgetürmt hatten, die ich betreut und bewertet hatte. Die Untersuchung von *Quick* und *Stern* war gemeinsam von einer Studentin und einem Studenten vorgelegt worden. Ich rechnete damit, dass dies als Sündenfall betrachtet werde, und war gewappnet mit der schwer bestreitbaren Tatsache, dass diese Zusammenarbeit angesichts des Themas besonders sinnvoll war. Aber zu dieser Diskussion kam es nicht, weil die Möglichkeit kollektiver Verfasserschaft Eingang in die Bestimmungen gefunden hatte.

Was vielmehr moniert wurde, war die Ausweitung des Gegenstandsbereichs, die durch keine Bestimmung legitimiert war. *Stern* und *Quick*, so wurde mir vorgehalten, verfehlten akademisches Niveau, und die Frage nach ihrem Frauenbild habe mit Germanistik nichts zu tun. Ich sagte, es gebe ja doch gewiss mehr als ein Dutzend Arbeiten zu Goethes Frauenbild, wurde aber belehrt, das sei etwas völlig anderes, weil hier zweifelsfrei die *Literarizität* gegeben sei. Dieses Wort, das ich vorher nie gebraucht und wahrscheinlich auch nie gehört hatte, blieb das Leitmotiv der Unterhaltung. Ich war relativ zurückhaltend, weil ich fürchtete, die Zulassungsarbeit könne sonst womöglich für ungültig erklärt werden; aber noch während der Sitzung fasste ich den Entschluss, von der freiwillig übernommenen germanistischen Prüfungstätigkeit zurückzutreten.

Das war eine große Entlastung; aber bald dachte ich an die lange Zeit aktiver Beteiligung an Prüfungen gerne zurück. Ich war, als die Zahl der Absolventinnen und Absolventen im Fach Deutsch drastisch anstieg, um Hilfe gebeten worden, und zu meiner Bereitschaft trug auch bei, dass sich eine größere Zahl von Studierenden der Germanistik auf kulturwissenschaftliche Fragen spezialisierte. Im mündlichen Teil war mein Prüfungsfeld die *Ältere Abteilung*, letztlich ein Erbe der germanistischen Gründerjahre mit den Brüdern Grimm und Ludwig Uhland, die eine enge Verbindung mittelalterlicher Poesie mit rezenten Traditionen der Volkskultur unterstellt hatten. Diese Zuweisung bedeutete, dass ich mich auf die angemeldeten Spezialgebiete der Kandidaten meist eingehend vorbereiten musste; aber sie räumte mir die Möglichkeit ein, den Prüfungsverlauf in der *Neueren Abteilung* und damit aktuelle literarische Diskurse genau zu verfolgen.

Die Prüfungen waren jedoch nicht nur ein willkommener Einblick in literaturwissenschaftliche Forschungen, interessant war auch der jeweilige Stil der Prüfung, der wesentlich von den Prüfern bestimmt wurde. Das bloße Abfragen gab es fast nie, und schon gar nicht die gezielte Jagd nach Wissenslücken, die im früheren Prüfungsbetrieb nicht selten war: *Ich sehe, hier wissen Sie Bescheid, wenden wir uns also einem anderen Gegenstand zu ...* Die vorherrschende Stilform war das Gespräch, was die Prozedur auflockerte und den Kandidaten statt der Konfrontation mit Unfehlbarkeit das Gefühl gemeinsamer Bemühung vermittelte. Am überzeugendsten trat das für mich in den Prüfungsgesprächen von Paul Hoffmann in Erscheinung, der aus dem Exil in Neuseeland nach Tübingen gekommen war. Bei ihm war die Begegnung auf Augenhöhe nicht nur ein künstliches Arrangement, sondern natürliche Voraussetzung.

Die Gesprächsform führte allerdings fast unvermeidlich dazu, dass die prüfenden Professoren sehr viel mehr sagten als diejenigen, die sich ausweisen mussten. Kurze Zeit habe ich dies empirisch verfolgt, indem ich die Dauer der jeweiligen Beiträge feststellte und notierte, und es war erstaunlich, wie krass die Relationen ausfielen. Mein Rekordhalter war Gerhard Storz, der nach der aktiven Tätigkeit als Theaterregisseur, Gymnasialdirektor, Kultusminister und Schriftsteller als Honorarprofessor an der Universität Tübingen lehrte; er beanspruchte über 80 Prozent der Prüfungszeit für seine Ausführungen. Es war eine Freude, ihm zuzuhören, da er differenzierte Beobachtungen und Interpretationen in klaren Worten und mit lebendigen Sprachbildern verständlich machte; und seine Prüflinge profitierten davon, dass er den Prüfungsverlauf fast immer gescheit und gut fand, ohne dabei seinen eigenen Anteil abzugrenzen.

Natürlich boten auch die Absolventinnen und Absolventen, die sich in den Prüfungen zu bewähren hatten, ein interessantes Beobachtungsfeld. Nicht immer war problemlos einzuschätzen, mit welchen Voraussetzungen und Einstellungen sie in die Prüfung kamen. Erkennbar war in der Regel ihre Position auf der Skala zwischen Selbstsicherheit und Ängstlichkeit, und es wurde auch deutlich, dass dabei keine feste Korrelation mit dem Prüfungserfolg bestand – abgesehen von Fällen, in denen die Ängstlichkeit und manchmal die Bekämpfung der Ängstlichkeit die Prüflinge völlig aus der Bahn warf. Mir kommt dabei eine peinliche Situation in den Sinn, in der ein älterer Student, der schon als Lehrer tätig gewesen und im Studienbetrieb nie negativ aufgefallen war, und der zudem bereits die Promotion hinter sich hatte, im Prüfungsgespräch keine vernünftige Äußerung zustande brachte. Der Prüfer – es war Richard Brinkmann – versuchte zunächst mit Humor den Fortgang erträglich zu machen, erzielte aber keine Wirkung, sodass er den Kandidaten schließlich fragte, ob er denn irgendeinen deutschen Dichter aus dem 19. Jahrhundert nennen könne. Ich weiß nicht mehr, ob die Antwort *Gryphius, Grimmelshausen, Schubart* oder noch ein anderer Name war – jedenfalls führte sie klar über das 19. Jahrhundert zurück. Und ich war paradoxerweise froh, dass die Antwort so irrwitzig ausfiel, weil sie vollends deutlich machte, dass man es mit einem totalen Blackout, wodurch auch immer entstanden, zu tun hatte – die Prüfung wurde abgebrochen.

Einer erneuten Anmeldung stand keine Bestimmung entgegen, aber der Kandidat blieb unbeeindruckt von meinen Ermunterungen und verzichtete auf diese Möglichkeit. Er wandte sich, außerhalb des Universitätsbetriebs, praktischen Aufgaben der Wissensvermittlung zu, und er war darin so erfolgreich, dass er nach einiger

Zeit auf der Professur einer Pädagogischen Hochschule landete. Vielleicht ist dies ein Hinweis darauf, dass der Furor juristischer und bürokratischer Regulierung in jenen Jahren noch nicht so unerbittlich war. Aber ein ungewöhnlicher Einzelfall war es auch damals.

Doch er kann die Aufmerksamkeit auf die große Zahl derjenigen lenken, die sich in irgendeiner Phase ihres Studiums – keineswegs nur im Prüfungsstress – von der Universität verabschieden. Für die Fachvertreter der Universität und für diese Institution insgesamt sind es verständlicherweise zunächst einmal Negativposten, Hypotheken in der Statistik. Aber man kann die Bilanz auch anders ziehen – wer sich ein geordnetes und zu Ende geführtes Studium versagt, ist nicht automatisch ein Versager. Abgesehen von finanziellen Zwängen und anderen persönlichen Belastungen drängen oft auch positiv zu bewertende Ursachen zum Ausstieg aus dem akademischen Curriculum. Ein größerer Teil der sogenannten *Studienabbrecher* engagiert sich schon während des Studiums in Betätigungsfeldern, die zwar wissenschaftliche Kompetenz fordern, aber nicht unbedingt in den akademisch vorgezeichneten disziplinären Bahnen. Und sicher gab und gibt es auch Studierende, welche die groß geschriebene akademische Freiheit durch die vielen eingebauten Kontrollen beschädigt sehen und deshalb eigene Wege gehen.

Das Ausmaß, die Formen und die Bewertung dieses Problems ändern sich von Zeit zu Zeit; aber durchgängig galt und gilt, dass wissenschaftliche Arbeit nicht nur an der Universität und in den durch sie normierten Berufskarrieren geleistet wird. Ich denke, um wenigstens ein Beispiel anzuführen, an einen Studenten, der wechselnde Jobs in journalistischen Institutionen bekleidete und der sich auch für den Studienbetrieb Verdienste erwarb, indem er einen eigenen Pressedienst in seiner Fachschaft kreierte, der die daran aktiv Beteiligten von der akademischen Spielwiese in die Presselandschaft holte, wo sie im günstigen Fall ihre Texte gedruckt sehen konnten. Er hatte durchaus die Absicht, sein Studium mit der Promotion abzuschließen. Nur fielen ihm – sicher auch in Verbindung mit seinen journalistischen Erfahrungen – immer wieder Themen ein, die er in Angriff nahm, nach einiger Zeit aber zugunsten neuer Probleme auf die Seite schob. Als er mit einer kulturhistorischen Arbeit relativ weit fortgeschritten war, wählte ich einen besonderen Weg, um ihn zum Abschluss zu drängen. Er hatte mich zu seiner Hochzeit geladen, und ich übergab ihm als Hochzeitsgeschenk meine Beurteilung seiner – noch nicht existierenden – Dissertation, mit Hinweisen und Argumenten, die sich an seinen mir bekannten Vorarbeiten orientierten, mit viel Lob und ein wenig Kritik, nur ohne Benotung und ohne Unterschrift. Meine Erwartung, dass dieser Vorgriff der Anstoß zur Fertigstellung der Untersuchung sei, wurde enttäuscht; seine anderen Aufgaben ließen den Doktoranden nicht los. Die damals geschlossene Ehe hat Bestand, aber die Dissertation kam nicht zustande – meine Animationsstrategie ging ins Leere.

Erfolgreich war dagegen die Vorwegnahme der Beurteilung in einem anders gelagerten Fall. Die Bewertung einer Dissertation wurde stets in zwei Gutachten vorgenommen; Hauptgutachter war in der Regel der

Betreuer oder die Betreuerin, während für das Zweitgutachten die Fakultät ihre Wahl traf, dabei aber den Wunsch der Kandidaten berücksichtigte. Da die Professoren – tatsächlich, und mehr noch in ihrer Einschätzung – überlastet waren, verging für die Doktoranden oft eine quälend lange Zeit, bis die Gutachten in der Fakultät verlesen und genehmigt und sie zum Rigorosum, dem abschließenden Examen zugelassen wurden. Diese Zeit war nicht nur eine nervliche Belastung, weil man nie die volle Sicherheit hatte, dass alles gut geht; es war oft auch eine Erschwerung der beruflichen Orientierung und des Einstiegs in einen Beruf. Dies galt auch in dem hier zu schildernden Fall, in dem der Doktorvater nicht nur ein hochangesehener Wissenschaftler, sondern auch ein versierter Literat und begehrter Redner war, der mit einigem Recht darauf pochen konnte, dass seine kreativen Aktivitäten wichtiger waren als die Freigabe einer simplen Dissertation, in der es zudem nur um schwäbische Humoristen ging. Als Zweitgutachter war ich mit dem Doktoranden im Wartestand. Nachdem sich dieser aber immer länger hinzog, verfasste ich mein Gutachten, schrieb zu einigen Partien nicht ohne Boshaftigkeit, dazu habe der Erstgutachter ja schon ausführlich Stellung genommen, und übersandte ihm die wenigen Seiten mit der entschuldigenden Bemerkung, ich hätte jetzt gerade einen gewissen Spielraum gehabt für diese Arbeit, während ich dann leider wieder von anderem beansprucht werde. Der Kollege verstand; nach wenigen Tagen hatte ich sein Gutachten in der Hand, und die Prozedur der Promotion wurde glücklich abgeschlossen.

Ganz allgemein kann man sagen, dass der Prüfungsbetrieb immer auch ein Licht auf diejenigen warf, die auf der sicheren Seite waren: die Prüfer. Das galt nicht nur für den mündlichen Teil der Prüfungen, sondern gerade auch für die schriftlichen Gutachten, soweit sie bekannt wurden. Da die Zahl der Promotionen noch nicht so hoch war, wurden die schriftlichen Beurteilungen in den Fakultätssitzungen herumgereicht und in manchen Fällen auch vorgelesen und diskutiert, insbesondere wenn Erst- und Zweitgutachter nicht zur gleichen Einschätzung gekommen waren. Dies war der Fall bei einer kommentierten Zusammenstellung geschichtlicher Inschriften in einem Landkreis. Der Betreuer, der im ganzen Land wegen seiner phantasievollen Ausmalung historischer Szenen bekannt und gefragt war, hatte die Benotung *magna cum laude* vorgeschlagen. Ich war Zweitgutachter und würdigte Umsicht und Fleiß, verstand das etwa 1300 Seiten umfassende Typoskript aber in erster Linie als Sammelarbeit und landete bei der Note *cum laude*. Der Erstgutachter ließ sich darauf nicht ein. Zunächst, sagte er, habe er das ähnlich gesehen; aber er habe die Arbeit dann erneut gelesen; beim zweiten Mal seien seine Bedenken ins Wanken gekommen, und nach dem dritten Mal sei er vollends von der besseren Benotung überzeugt gewesen. Die anwesenden Fakultätsmitglieder tuschelten etwas respektlos über die angebliche Lektüre von drei Mal 1300 Seiten, akzeptierten aber die höhere Note, nachdem auch ich eingelenkt hatte. Der behauptete Lektüreaufwand blieb aber am Bild des Historikers haften – als nachhaltiges Prüfungsergebnis.

Einmal lenkte der amtierende Dekan (es war Andreas Flitner) die Aufmerksamkeit der Fakultätsmitglieder auf ein Gutachten von mir. Es würdigte die Dissertation eines ‚Studenten', der bei seiner Promotion bereits das Schwabenalter erreicht hatte – aber nicht aus Saumseligkeit, sondern weil er ein dialektologisches Forschungsprogramm ausgearbeitet hatte, mit dem er die meisten einschlägigen Experten überholte. Ich musste an einen hübschen Wiener Witz denken, in dem Graf Bobby informiert wird, dass ein Leichtathlet unmittelbar nach einem erfolgreichen Marathonlauf eine Rekordhöhe im Stabhochsprung schaffte – was dem Grafen aber lediglich den Kommentar entlockt: *Nun ja, bei dem Anlauf ...* Ich nahm diese kleine Geschichte in meine Beurteilung auf, der Dekan las die Passage vor, und einige Kollegen beglückwünschten mich zu dem heiteren Einschub. Es freute mich; aber ich muss gestehen, dass ich daraus in erster Linie ableitete, dass „*Fröhliche Wissenschaft*" für die meisten Professoren zwar ein vertrauter Nietzsche-Titel war, aber kein Element ihrer Lehrtätigkeit. Wahrscheinlich war diese Schlussfolgerung nicht ganz fair.

Volksgesundheit

Berufliche Ziele wurden nicht nur durch versäumte oder vergeigte Abschlussprüfungen gefährdet, sondern auch durch Hindernisse auf schon eingeschlagenen akademischen Wegen. In den oberen Rängen des Lehrpersonals der Universitäten waren in der Regel sehr viel weniger Stellen ausgewiesen als im unteren Bereich und im sogenannten Mittelbau, sodass es ein natürlicher Prozess war, dass ein beträchtlicher Teil der auf eine Professur hoffenden jüngeren Akademiker nach strikt begrenzten Dienstjahren die Hochschule verlassen musste. Ein natürlicher Prozess, der aber für die Betroffenen einschneidend und oft verletzend war. Das galt nur mit Einschränkung in Fächern, in denen der Abschied von der Uni zu angesehenen und besser bezahlten praktischen Positionen führte; aber der Übergang von akademischer Lehrtätigkeit zu Aufgaben am Gymnasium wurde beispielsweise meist als Niederlage empfunden – in Deutschland möglicherweise besonders schmerzhaft, weil man im ganzen Ausbildungsbereich eine Treppenstruktur sah, die nach oben führte: Volksschule, Realschule, Gymnasium, Hochschule. Ein weites Feld, zu dem nur noch angemerkt werden soll, dass diese Feststellungen nicht unbedingt in der Vergangenheitsform präsentiert werden müssen.

Dass aber Brüche in der akademischen Karriere auch Perspektiven öffnen und Kräfte freisetzen können, erlebte ich am Beispiel von Walter Wuttke. Eines Tages erzählte mir ein Kollege von Beratungen einer Senatskommission, in welcher Wuttke als Problemfall behandelt wurde. Er war Assistent bei den Medizinhistorikern, und es war zu Auseinandersetzungen mit Vorgesetzten gekommen, die seine Ablösung verlangten. Da sein Dienstvertrag erst viele Monate später auslief, suchte man nach einer diskutablen Ersatzposition innerhalb der Universität, und mir wurde nun berichtet, nach langem Hin und Her habe Präsident Theis gesagt, er sehe nur noch eine Möglichkeit: das Ludwig-Uhland-Institut, dort gebe es noch mehr schräge Vögel, und man kenne sich dort aus mit problematischen Personen. Mein Informant war empört über diese Äußerung. Er war der Ansicht, ich müsse mich dagegen verwahren, und er war recht erstaunt, als ich sagte, es stimme ja doch, und ich sähe diese Einschätzung als Lob.

Wuttke kam denn auch an unser Institut. Ich lernte seine kompromisslose Grundhaltung kennen, die eine bequeme Partnerschaft erschwerte, machte mich aber auch kundig über die Hintergründe der Auseinandersetzungen an seiner bisherigen Arbeitsstelle. Wuttke war damals Mitte 30, und er hatte bereits vielfältige Erfahrungen gemacht. Nach dem Abitur in Bremen hatte er das Studium der Theaterwissenschaft in Köln aufgenommen, das er aber nach einiger Zeit langweilig fand – merkwürdigerweise, aber vielleicht war der Studiengang zu weit weg von der Theaterpraxis, in die sich

Wuttke zusammen mit Jörg Bohse einklinkte; in Tübingen brachten die beiden zwei politische Revuestücke auf die Bühne. Hier hatte Wuttke inzwischen das Studium von Latein und Germanistik absolviert und abgeschlossen mit der Dissertation über einen Mediziner des 17. Jahrhunderts. Das war ein Beitrag zur Medizingeschichte, und in diesem Fach erhielt er eine Stelle, in der er Forschung und Lehre verbinden konnte.

Dabei wanderte er sehr schnell vom 17. ins 20. Jahrhundert. Für die kritische Aufarbeitung von Hypotheken der NS-Zeit, die in anderen Fächern nach einer schwer erklärlichen Karenzzeit in Gang gekommen war, gab es in der Medizin nur schwache Ansätze, vermutlich vor allem deshalb, weil wichtige Wortführer und Anstifter der biologistisch-rassistischen Gesundheitspolitik noch in leitenden Positionen tätig waren und nicht nur als Amtsautoritäten den Respekt der Untergebenen einforderten, sondern teilweise aktuell auch respektable medizinische Leistungen vorzuweisen hatten. Wuttke, der diplomatische Zurückhaltung nicht akzeptierte, bot ein Seminar „*Vernichtungslehre in der NS-Medizin*" an, rekonstruierte nationalsozialistische Leitlinien ärztlicher Praxis und scheute sich auch nicht, noch amtierende oder gerade erst entpflichtete Chefärzte namentlich zu nennen und anzugreifen. So löste er nicht nur sachliche Kontroversen aus, sondern stellte auch persönliche Kontakte im medizinischen Netzwerk in Frage.

In seinem neuen, sozial- und kulturwissenschaftlichen Umfeld gab es in dieser Hinsicht keine Probleme, und er lenkte die Aufmerksamkeit auf Zusammenhänge, die unterbelichtet waren. Mit einer studentischen Projektgruppe plante und erarbeitete er die Ausstellung *„Heilen und Vernichten im Nationalsozialismus"*, die den Blick auf ein kaum erschlossenes Gebiet nationalsozialistischer Weltanschauung und Gesundheitspolitik richtete. Den auch erst spät aufgedeckten, allmählich aber doch allgemein bekannt gewordenen Prinzipien und Praktiken der Vernichtung stellte er die gleichzeitige geradezu leidenschaftliche Propagierung des Sammelns und der Nutzung von Heilkräutern gegenüber. Karl Valentin hatte dazu schon in der Nazizeit einen ironischen Kommentar gegeben, der die Runde machte: *Gut dass Hitler nicht Kräuter heißt, sonst müsste man ihn mit Heil Kräuter grüßen.* Die positive Bewertung von Heilkräutern war tatsächlich eine regierungsamtliche Aufgabe, für die sich in erster Linie Heinrich Himmler einsetzte, der Reichsführer der SS, der auch für viele Vernichtungsaktionen verantwortlich war; so ist es zu erklären, dass im KZ Heilkräuter gezüchtet wurden und dass beispielsweise in Dachau ein *biologisch-dynamischer Kräutergarten* zum Lager gehörte.

Heilen und Vernichten – was auf den ersten Blick als unvereinbarer Gegensatz erscheint, ergänzt sich in diesem Fall. Die Aufmerksamkeit für die Gewinnung von Heilkräutern hing mit dem Ziel nationaler Selbständigkeit in wirtschaftlichen Belangen zusammen, und die Wunschvorstellung weitgehender Autarkie wurde gestärkt im Hinblick auf den heimlich geplanten Krieg, in dem mit Formen der Mangelwirtschaft zu rechnen war. Schon 1938 war eine *Reichsarbeitsgemeinschaft für Heilpflanzenkunde und Heilpflanzenbeschaffung* gegründet worden, deren Ziele vor allem in den Schulen übernommen wurden, wo Holunder- und Lindenblüten, Brennnesseln und andere Heilpflanzen in großen Mengen gesammelt und getrocknet wurden. Dabei spielte neben den praktischen ökonomischen Aspekten auch die ideologische Aufladung des heimischen Umfelds eine Rolle – der spezifische Boden nicht im Sinn der konkreten Beschaffenheit wie im Begriff *Terroir*, vielmehr die in Jahrhunderten geprägte nationale Basis der *Volksgesundheit* wie in der Parole von *Blut und Boden*.

Walter Wuttke und die Mitarbeiter an seinem Projekt deckten all diese Zusammenhänge auf. Die Ausstellung im Haspelturm des Tübinger Schlosses besuchten innerhalb weniger Wochen 17.000 Interessenten, und sie wurde danach noch in über 50 Städten gezeigt. Das war ein riesiger Erfolg für den abgekanzelten Wissenschaftler und war sicher mit verantwortlich für seinen weiteren Weg. Nachdem die Anstellungsfrist an der Uni zu Ende ging, fand er neue Möglichkeiten am Dokumentationszentrum Oberer Kuhberg in Ulm, teilweise als freier Mitarbeiter, teilweise in einer leitenden Stellung. Er deckte in der Stadt und der Region Ulm Aktionen der ‚Säuberung' und Ausgrenzung auf, in die auch Personen und Institutionen verstrickt waren, die man eher bei den Kritikern der nationalsozialistischen Bewegung gesucht hätte – wie etwa die *Innere Mission*.

Walter Wuttke wurde durch einen Schlaganfall gebremst, aber nicht gestoppt. Er arbeitete bald danach wieder unermüdlich weiter bis zu seinem Tod im Jahr 2016, kurz nach seinem 75. Geburtstag. Es ist gewiss keine beschönigende Feststellung, dass die Endphase seiner Uni-Tätigkeit wichtig war für seinen weiteren Weg; aber es ist auch zu konstatieren, dass seine Aktivitäten in dieser Phase der Uni gutgetan haben.

Putsch

Die unruhige Zeit um 1970 brachte an den Universitäten Vieles in Bewegung, und selbst Strukturelemente, die vorher kaum einmal zur Diskussion standen, wurden in Frage gestellt. Dazu gehörte in Tübingen wie an verschiedenen anderen Universitäten die Leitungsfunktion, die traditionell dem Rektor zugewiesen war, der für ein Jahr gewählt wurde und dessen Amtszeit nur in besonderen Fällen für ein weiteres Jahr verlängert wurde. Die Amtsträger waren gewiss keine Frühstücksdirektoren, denn sie hatten wichtige Entscheidungen zu verantworten; aber im Vordergrund standen doch meist Repräsentationsaufgaben. Dies hatte schon in ruhigen Zeiten gelegentlich Kritik ausgelöst – die eigentliche, kontinuierlich erworbene Kompetenz liege beim Kanzler und sogar auch bei gewieften Sekretärinnen, die Rektoren würden in die ihnen fremde Verwaltungswelt versetzt und von ihren zentralen Aufgaben in Forschung und Lehre abgezogen. Theodor Eschenburg hatte sich schon früh gegen die *Honoratiorenverwaltung* und für eine neue Struktur ausgesprochen, und die mit *1968* etikettierte prinzipielle Kritik und die daraus abgeleiteten Aktionen waren eine Herausforderung, die auch innerhalb der Leitungsgremien und bei den amtierenden Rektoren Zweifel über die Verteilung der Aufgaben auslöste.

Man wandte sich neuen strukturellen Möglichkeiten zu, die vor allem durch eine deutlich längere Amtszeit in der Leitungsfunktion charakterisiert waren. In Tübingen wurde der Wechsel auch durch eine veränderte Nomenklatur angezeigt; ausgeschrieben wurde die Stelle des *Präsidenten* der Universität. Für die Qualifikation galten nun neue Bedingungen und Erwartungen; gefragt waren vor allem Erfahrungen in komplexen Verwaltungsabläufen und eine gewisse Vernetzung in staatlichen Institutionen. Damit war die Türe offen für Adolf Theis, der zum Zeitpunkt der Wahl noch unter 40 war, aber bereits eine vielseitige und erfolgreiche Laufbahn vorzuweisen hatte. Nach dem abgeschlossenen Jurastudium hatte er in verschiedenen Behörden und Ministerien gearbeitet und war zuletzt im von Kurt Georg Kiesinger geführten Bundeskanzleramt. Und er hatte auch Verbindung zu den Hochschulen, als Beamter in Hohenheim und als Sachbearbeiter für ein Hochschulrahmengesetz im Bundeswissenschaftsministerium.

Besonders fiel in jenem aufgeregten politischen Klima ins Gewicht, dass man von Adolf Theis eine gewisse Überbrückung von Gegensätzen erwartete. Er war nicht eindeutig und einseitig zu verorten und wurde im Vorfeld der Wahl von konträren Positionen her vereinnahmt. In den Kategorien der Parteipolitik hieß dies, dass die Konservativen auf seine Nähe zu Kiesinger und der CDU setzten, während der jüngste Professor der Tübinger Politikwissenschaft mit der Bemerkung für ihn warb, er gehöre zwar keiner Partei an, was bei seinem vielseitigen Engagement und auch im Blick auf die bevorstehende Entscheidung ja doch verständlich sei – aber eigentlich sei er ein SPD-Mann und werde sich nach der Wahl bestimmt auch dazu bekennen.

So war Theis für die konservative Professorengruppe *Forschung und Lehre* ebenso wählbar wie für den liberalen *Österbergkreis*, und er erhielt im Großen Senat tatsächlich ziemlich genau Dreiviertel der Stimmen. Wenige Wochen nach der Wahl verbreitete sich in Tübingen die Neuigkeit, dass er in einem Stuttgarter Bezirk Mitglied der CDU geworden war. Sein schon früh von ihm verkündetes Ziel, die Konflikte auf sich zu ziehen und den Lehrkörper davon freizuhalten, blieb bestehen, wobei er sich allerdings im Vergleich mit den ihm vorausgehenden Rektoren weniger auf Kompromisse einließ und mehr formale Entscheidungen traf.

Die Auseinandersetzung mit unterschiedlich begründeten und uneinheitlich vorgetragenen basisdemokratischen Forderungen schwelte noch einige Zeit weiter; aber in der mehr als zwei Jahrzehnte andauernden Amtszeit von Theis schoben sich dann andere Problemfelder in den Vordergrund wie die Ausdifferenzierung der Verwaltung, die stärkere Internationalisierung, die technische Hochrüstung der Universität und die dadurch verschärfte Schwierigkeit einer Balance zwischen den Naturwissenschaften und der Medizin auf der einen und den traditionellen Geisteswissenschaften auf der anderen Seite. Die Universität driftete zwangsläufig in die Strukturen eines technisch und verwaltungstechnisch durchwirkten Großbetriebs.

Theis ging auch mit diesen weitgespannten Aufgaben souverän um. Er war grundsätzlich aufgeschlossen für Neues, hatte aber auch Sinn für Tradition, wie sie beispielsweise beim 500-jährigen Jubiläum der Universität zum Ausdruck kam. Seine Verbindungen brachten hochrangige Gäste in die Stadt, und zusammen mit Professoren leitete er eindrucksvolle historische, literarische, theatralische und künstlerische Rückblicke auf das Werden und Wachsen der Universität ein. Vielleicht arbeitete das wirkungsvolle Engagement des Präsidenten in diesem Bereich sogar ein wenig dem Wunsch nach einer erneuten Revision der Hochschulverfassung zu, der bei einem kleinen Teil der Professoren aufkam. Bei ihnen ließen Theis' Verdienste den Gedanken, die Leitung der Universität wieder mehr in den engeren Umkreis wissenschaftlicher Arbeit zu ziehen, nicht verschwinden, und vor allem die komplexen und oft verwirrenden Strukturen des neuen, weit gespannten Aktionsfeldes provozierten nostalgisch eingefärbte Wünsche nach Wiederherstellung des alten Aufbaus der Leitung. Aber auch die mögliche Wiederkehr einer Aufstiegschance spielte eine Rolle – in der gedruckten Stellungnahme eines Juristen wurde die Rechnung aufgemacht, wievielen verdienten Professoren durch die neuen langen Amtszeiten in der Leitung der Universität die Chance zu einem ehrenvollen Aufstieg genommen werde.

Nach einer Gremiensitzung sprachen eines Tages einige Professoren die Kollegen an, die nächste Wahl, die nicht unmittelbar, aber doch in absehbarer Zeit bevorstand, dürfe doch nicht automatisch zur Wiederwahl werden; statt einer technokratischen Lösung sollte die Tradition und die Würde der Forschung wieder in den Mittelpunkt gerückt werden. Nur wenige der Angesprochenen hielten dieses Argument für berechtigt. Es herrschte die Meinung vor, dass man mit der Präsidialverfassung gut fahre. Was die spezielle Leistung von Theis anlangt, hatte ich und hatten auch Andere die Erfahrung gemacht, dass er sich in bewundernswerter Weise in die Probleme ganz verschiedenartiger Wissenschaften eingearbeitet hatte und dass er stets gut vorbereitet und mit sicherem Überblick auf Lösungen zusteuerte. Da es aber offenbar Kollegen gab, die mit dem Management unzufrieden waren, einigte man sich auf eine weitere Diskussion.

Man fasste ein Treffen zum gemeinsamen Mittagessen ins Auge, und der Politikwissenschaftler Gerhard Lehmbruch stellte dafür die Weichen: Im Hotel „Krone" sei das Restaurant mittags immer leer, und er könne dort die Gruppe der Interessierten – es war immerhin ein starkes Dutzend – anmelden. Der Termin wurde festgelegt, und an dem betreffenden Tag betraten wir einzeln oder in kleinen Gruppen das vornehme Restaurant. Ein Kellner nahm uns in Empfang und geleitete uns durch die tatsächlich leeren vorderen Räume in den hinteren Speisesaal. Dort war ein langer gedeckter Tisch, und daneben waren noch einige kleine Tische arrangiert. Alle waren leer bis auf einen; an ihm saß mit einem Gast – Präsident Theis. Nach der ersten leicht schockartigen Überraschung fragte man sich, ob der amtierende Präsident etwa aufgefordert war, an der ihn betreffenden Diskussion teilzunehmen. Dagegen sprach die Anwesenheit seines Tischpartners, der Ausländer und wahrscheinlich beruflicher Kollege war; und Theis selber beseitigte die Unklarheit, als er die Schar der Professoren begrüßte und sich erfreut zeigte, dass es offensichtlich auch gemeinsame Gesprächsrunden jenseits der dienstlichen Obliegenheiten gebe.

Die Gespräche waren zunächst etwas mühsam und künstlich, da das vorgesehene Hauptthema plötzlich tabu war, pendelten sich dann aber bei allgemeineren Problemen ein. Über die ursprüngliche Absicht fiel kein Wort, auch nicht beim Verlassen des Hauses, nachdem die Tafel aufgehoben war, und wenn mir das nicht entgangen ist, ebenso wenig bei späteren gelegentlichen Begegnungen. Vielleicht nahmen die potenziellen Putschisten die unerwartete Konstellation ja als Signal und höheren Hinweis, ihre Absichten zurückzustellen; vielleicht sahen sie auch, dass die Zeit für einen abermaligen Wechsel nicht – noch nicht – angebrochen war.

Knollenmergel

Es gibt keine verbindliche Übereinkunft zur Dauer der *Nachkriegszeit*. Es handelt sich dabei ja nicht um einen formell festgelegten Zeitrahmen, sondern um eine Richtungsangabe, und die Abgrenzung fällt verschieden aus – Ältere assoziieren eher die Jahre energischen Aufbaus und zögerlichen Umbaus unmittelbar nach dem Kriegsende, Jüngere beziehen sich manchmal auf die lange Zeitstrecke, die sie nicht persönlich erlebt haben. Viel spricht dafür, die unruhige Umbruchphase Ende der 1960er und Anfang der 1970er Jahre noch der Nachkriegszeit zuzuordnen, da erst sie eine gründlichere Auseinandersetzung mit der nationalsozialistischen Vergangenheit brachte. In der ungewöhnlich langen Amtszeit von Adolf Theis kann dagegen der Wechsel und der Aufbruch in eine neue Ära verortet werden. Wenn man sich dem beliebten Spiel mit Höhe- und Wendepunkten überlässt, kann man sogar das Universitätsjubiläum von 1977 als Schnitt verstehen: Ende einer 500jährigen Geschichte und Eintritt in ein neues halbes Jahrtausend mit neuen Anforderungen – wenn diese Zeitspanne Tübingen und seiner Uni vergönnt ist.

In dieser Perspektive ist es legitim, hier abschließend noch von einer besonderen Sitzung zu berichten, zu der Theis eingeladen hatte und die zur Vorbereitung des

Jubiläums gehörte. Der feierliche Anlass sollte vor allem auch in die Öffentlichkeit getragen werden, und dies nicht nur bei den zentralen Veranstaltungen mit Umzug, Sprechtheater, wissenschaftlichen Tagungen, hochkarätigen Rednerinnen und Rednern, sondern auch auf längere Dauer mit Publikationen und symbolischen Zeichen. Ein neues Logo wurde gesucht, und es sollte nicht nur Erkennungsmerkmal der Universität sein, sondern auch etwas vom Geist und Wesen der Hochschule vermitteln. Schon 1973, also vier Jahre vor dem Jubiläum, wurde ein Kontakt zu HAP Grieshaber hergestellt, der im benachbarten Reutlingen am Hang der Achalm sein Atelier hatte und der wohl bedeutendste Holzschneider seiner Zeit war.

Er nahm den Auftrag an und konzentrierte sich auf das Motiv der Palme, das schon für Graf Eberhard im Bart mit der von ihm gegründeten Universität in Verbindung stand. Die Ägyptologin Ingrid Gamer-Wallert hat die weit verzweigte Geschichte der Palme in der Kunst detailliert dargestellt. Der verbreiteten Auffassung, dass der Graf bei seiner Pilgerfahrt nach Jerusalem im Jahr 1468 den Palmbaum zu seinem Erinnerungszeichen gewählt habe, stellte sie die Möglichkeit gegenüber, dass er erst später in Italien erlebte, wie sich Adlige Sinnbilder und sprachliche Devisen zu eigen machten. Die frühesten künstlerischen Zeugnisse des von ihm ausgesuchten Symbols sind erhalten geblieben im Palmensaal und an der Toreinfahrt des Uracher Schlosses; sie stammen aus dem Jahr 1474, in dem er Barbara Gonzaga von Mantua heiratete. Das Motiv, ergänzt durch den Wahlspruch *Attempto* – „Ich versuche es", "Ich wage es" –, steht dann aber auch im Zusammenhang mit der drei Jahre später vollzogenen Universitätsgründung, was die Wiederaufnahme im Rahmen des Jubiläums im Jahr 1977 nahelegte.

In dem von Präsident Theis einberufenen Treffen ging es um die Neugestaltung des alten Motivs durch Grieshaber. Ein kleiner Kreis, dominiert von Kunsthistorikern, sollte Stellung nehmen zu dessen Vorschlägen, die der Öffentlichkeit noch nicht zugänglich waren. Der Anblick der ausgesuchten Holzschnitte im großen Format bot zunächst eine Überraschung: Die geschwungenen Palmwedel waren in der unteren Bildhälfte, während das Wurzelwerk oben die Stelle der Baumkrone einnahm. Die Experten erwogen eine gezielte Verfremdung; der Name Georg Baselitz fiel, da dieser junge Maler gerade begonnen hatte, Personen und Dinge grundsätzlich auf den Kopf zu stellen. Man war sich allerdings einig in der Einschätzung, dass eine solche Drehung auch bei Berücksichtigung aller akademischen Verkehrtheiten nicht angemessen wäre. Schnell stellte sich heraus, dass der Fehler aufs Konto irgendwelcher Helfer ging, den Mitgliedern des Präsidiums allerdings nicht aufgefallen war. Es fielen, in sehr gedämpftem Ton, ein paar hämische Bemerkungen; aber rasch wurde die Hängung korrigiert, und nun begann die ernsthafte Auseinandersetzung.

Es war zunächst eine Auseinandersetzung mit dem nicht anwesenden Walter Jens, denn es war bekannt geworden, dass er Grieshabers Palme als *knollenmergelig* charakterisiert hatte. Dieser Vergleich mit der von Knollen durchzogenen Tonschicht im Erdreich lief angesichts der farbigen Eleganz der neu geschaffenen Palme ins Leere, sodass dieses Vor-Urteil rasch als unsinnig beiseitegeschoben werden konnte. Erst später, bei der Bilanzierung der Uni-Festlichkeiten, wurde deutlich, dass die Abfuhr für Jens nicht ganz gerecht war. Er hatte sich nämlich mit seiner Kritik auf Grieshabers betont nüchternen ersten Entwurf bezogen, der Stamm und Krone des Baums auf abstrahierte Linien reduzierte, zu denen das verschlungene Wurzelwerk im Kontrast stand. Jens hatte brieflich mehr *Grazie* und *Beschwingtheit* gefordert und wollte die Palme *himmelsgerichtet* haben. Grieshaber ärgerte sich und verteidigte seine Position; Johanna Kretschmer, Redakteurin der Universitätszeitschrift „*Attempto*", hat seine Äußerungen dokumentiert, in denen er auf die wenig graziöse Entwicklung der Wissenschaft verwies, die eher eine *Eierkopfpalme* oder *Hochrechnungspalme*, jedenfalls kühle Abstraktion nahelege. Er berief sich dabei auf die Ansichten seines *Chauffeurs* und damit scheinbar der nichtakademischen Klasse; tatsächlich war dies jedoch die freundlich-ironische Bezeichnung seiner Partnerin Margarete Hannsmann, mit der er sich austauschte über politische Notwendigkeiten und den Schutz der Natur. Sie hatte die Bezeichnung aufgenommen in das Buch, in dem sie schilderte, wie sie den Künstler über weite Entfernungen zu seinen Erkundungen und Vernissagen kutschierte: „*Sancho Pansa: Chauffeur bei Don Quijote. Wie hap Grieshaber in den Bauernkrieg zog.*"

Ganz offensichtlich hatte sich Grieshaber aber dann doch von der Demonstration moderner Kargheit gelöst,

Grazie und Schwung in seine Entwürfe gebracht, ohne die überlieferten alten Bilder zu kopieren. *Graf Eberhard im Bart und ‚Knollenmergel' war einfach zu viel,* kommentierte er die Wendung: *Ich versuchte, mich frei zu malen. Gleich mit einer drei Meter hohen Palme.*

Der Knollenmergel ist ein merkwürdiger Fremdkörper in der Diskussion künstlerischer Befunde und Probleme. Vielleicht hat sich der Vergleich Walter Jens aufgedrängt aufgrund von Erfahrungen als Bauherr, jedenfalls durch die Beobachtung konkreter Tübinger Probleme. Knollenmergel, neuerdings als *Trossingen-Formation* bezeichnet, ist auch in Tübingen und seiner Umgebung reichlich vorhanden und stellt mit der schwer berechenbaren und bröseligen Substanz der Böden eine erhebliche Herausforderung für die Bauplanung dar, die Rutschgefahren am Hang und drohende Verschiebungen einkalkulieren muss. Die Planer begegnen dem mit Pfahlgründungen, also mit der Verankerung der Baumasse in größerer Tiefe, was längere Haltbarkeit garantiert.

Diesen Aspekt vor Augen könnte man die Assoziation auf die generellen Schwierigkeiten und Möglichkeiten wissenschaftlicher Arbeit lenken. Aufgabe der Forschung ist es, im komplexen und sich ständig verändernden Feld unserer materiellen und geistigen Wirklichkeit gesicherte Strukturen und verlässliche Standpunkte zu finden. Auch wissenschaftliche Ergebnisse sind Pfahlgründungen, dem schnellen Wechsel enthoben, aber bei aller Perfektion vorläufig. In diesem Sinne verfügt die Universität nicht nur mit der Palme über ein Symbol des Wachstums und der Weltoffenheit, sondern mit der Devise des Universitätsgründers auch über ein Zeichen, das Mut und Bescheidenheit vereint: *Attempto*.

Am Ende möchte ich mich bedanken: Bei den wenigen Vorab-Leserinnen und –Lesern für ihre Anregungen und Korrekturen, bei Hubert Klöpfer für seine allzeit positive Einstellung zu dem Unternehmen, und bei den Mitarbeiterinnen und Mitarbeitern des Verlags für die Realisierung.

Und ich möchte um Nachsicht bitten: Dafür, dass Vieles in dem Buch fehlt, aber auch für Manches, das drin steht. Recherchen bei weiteren Zeitzeugen hätten den persönlichen Charakter verwischt, und die Rückblenden erfassen oft nur die Ränder des Geschehens und vermitteln so auch kein umfassendes Bild der erwähnten Personen. Oft bleibt es bei einem raschen und manchmal respektlosen Blick, den ich nicht gut jedesmal durch eine ausladende biographische Würdigung kompensieren konnte.

Marginalien also, die aber hoffentlich nicht ganz abseitig sind.

Tübingen, im Mai 2019
Hermann Bausinger

Personenregister

(Einige Namen sind hier nicht berücksichtigt – aus Rücksicht)

Abadan-Unat, Nermin 113f.
Adenauer, Konrad 92
Alber, Wolfgang 131
Bachmann, Ingeborg 103
Bachof, Otto 71-75
Baselitz, Georg 177
Baumann, Jürgen 68
Beck, Adolf 30f.
Beißner, Friedrich 103, 105
Beyme, Klaus von 120
Birbaumer, Niels 83
Bloch, Ernst 93, 103
Bock, Hans Erhard 151f.
Böhlig, Alexander 68-70
Bohnenberger, Karl 87
Bohse, Jörg 165
Bollnow, Otto Friedrich 150
Brinkmann, Carl 147
Brinkmann, Richard 79, 157
Buchegger, Sepp 94
Celan, Paul 103
Coseriu, Eugenio 86-88
Diehl, Michael 82
Diem, Hermann 92
Dölker, Helmut 45-48
Dornheim, Jutta 131
Dürig, Günter 121
Eberhard im Bart 176-180
Elias, Norbert 61
Eppler, Erhard 16
Eschenburg, Theodor 79, 119f., 169
Fischer, Hermann 139
Flitner, Andreas 150, 162
Frahm, Eckart 159
Frankenfeld, Peter 142
Gamer-Wallert, Ingrid 176
Ganghofer, Ludwig 133
Gerdts, Jan 32, 37
Gerdts-Rupp, Elisabeth 32-40
Goethe, Johann Wolfgang 154
Goetz, Curt 102

Goldhagen, Daniel Jonah 128
Gonzaga, Barbara 176
Grass, Günter 102f.
Grieshaber, HAP 176-179
Grimm, Jacob u. Wilhelm 155
Grupe, Ommo 150f.
Günther, Rudolf 117
Haas, Rudolf 138f.
Haering, Theodor 125
Härtling, Peter 103
Hävernick, Walter 49f.
Hannsmann, Margarete 178
Heckmann, Friedrich 108f.
Heine, Heinrich 31
Heinemann, Gustav 16
Henßen, Gottfried 57f.
Hesse, Hermann 36f., 39
Himmler, Heinrich 166
Hölderlin, Friedrich 105
Hoffmann, Hilmar 132
Hoffmann, Paul 156
Hoffmann, Wilhelm 31
Jeggle, Utz 94f., 108, 128
Jens, Walter 102f., 135, 160, 177-179
Jewtuschenko, Jewgenij 102f.
Kafka, Franz 133
Kannicht, Richard 83f.
Kaschuba, Wolfgang 123
Keuler, Uli 160
Kiesinger, Kurt Georg 170

Kohl-Larsen, Ludwig 34
Korff, Gottfried 82
Kretschmer, Johanna 178
Krukenfelner, Anton 56-58
Kuhn, Hugo 78f.
Kulenkampff, Hans-Joachim 142
Kurz, lsolde 125
Lehmbruch, Gerhard 173
Lipp, Carola 123
Maase, Kaspar 134
Markert, Werner 56, 58f.
Marx, Karl 63
May, Karl 134f.
Mayer, Hans 103
Meier, Ernst 81f.
Mergenthaler, Christian 33
Mohr, Wolfgang 78f.
Müller, Christoph 93-95
Müller, Ernst 89-94
Musil, Robert 149
Ney, Elly 146
Nietzsche, Friedrich 162
Oesterle, Kurt 137f.
Pallowski, Katrin 121
Rauh, Rudolf 44f.
Rothenburg-Unz, Stephanie 112f.
Ruoff, Arno 48f., 162
Sandberger, Georg 114
Scharfe, Martin 126

Schmid, Carlo 97
Schmidt, Arno 134f.
Schneider, Hermann 23, 55
Schöning-Kalender, Claudia 112f.
Schostakowitsch, Dimitri 15
Seume, Johann Gottfried 44
Steinbach, Dieter 104-107
Storz, Gerhard 156
Strauß, Franz Josef 91f.
Stützei, Wolfgang 145-148
Theis, Adolf 126, 164, 170-177
Thielicke, Helmut 146
Tucholsky, Kurt 133

Ueding, Gert 135
Uhland, Ludwig 155
Valentin, Karl 166
Vischer, Friedrich Theodor 148f.
Wagner, Günter 34
Walser, Martin 103
Wandruszka, Mario 54
Warneken, Bernd Jürgen 95, 121
Wehling, Hans-Georg 123
Wiese, Benno von 99
Wuttke, Walter 164-168
Ziegler, Klaus 92, 135

Umschlagfoto: Alfred Göhner, Stadtarchiv Tübingen, das Foto wurde für die Umschlaggestaltung grafisch bearbeitet und seitenverkehrt reproduziert.

Bibliografische Information der Deutschen Nationalbibliothek
Die Deutsche Nationalbibliothek verzeichnet diese Publikation in der Deutschen Nationalbibliografie; detaillierte bibliografische Daten sind im Internet über http://dnb.dnb.de abrufbar.

Das Werk einschließlich aller seiner Teile ist urheberrechtlich geschützt. Jede Verwertung außerhalb der engen Grenzen des Urheberrechtsgesetzes ist ohne Zustimmung des Verlages unzulässig und strafbar. Das gilt insbesondere für Vervielfältigungen, Übersetzungen, Mikroverfilmungen und die Einspeicherung und Verarbeitung in elektronischen Systemen.

Lektorat: Wolfgang Alber, Reutlingen

Internet: www.kloepfer-narr.de
eMail: info@kloepfer-narr.de

CPI books GmbH, Leck

ISBN 978-3-7496-1002-0 (Print)
ISBN 978-3-7496-6002-5 (ePub)